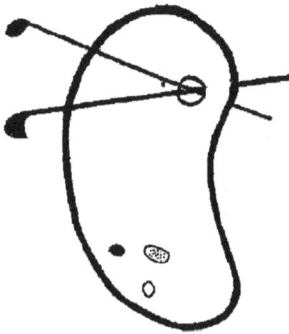

COUVERTURE SUPÉRIEURE ET INFÉRIEURE
EN COULEUR

GÉOGRAPHIE
DU DÉPARTEMENT
DE

LA CREUSE

PHYSIQUE, POLITIQUE, HISTORIQUE
ADMINISTRATIVE, ÉCONOMIQUE ET COMMERCIALE

PAR

G. DERENNES   **C. DELORME**

Inspecteur d'Académie   *Directeur d'École normale*

7 Cartes hors texte et une grande Carte coloriée du
Département.

PRIX : 4 fr. 50

GUÉRET
Imprimerie-Librairie P. AMIAULT, 3, rue du Marché
1888

LK 4
2002

GÉOGRAPHIE

DU

DÉPARTEMENT DE LA CREUSE

GÉOGRAPHIE

DU DÉPARTEMENT

DE

LA CREUSE

PHYSIQUE, POLITIQUE, HISTORIQUE
ADMINISTRATIVE, ÉCONOMIQUE ET COMMERCIALE

PAR

G. DERENNES	C. DELORME
Inspecteur d'Académie	*Directeur d'École normale*

7 Cartes hors texte et une grande Carte coloriée du Département.

GUÉRET

Imprimerie-Librairie P. AMIAULT, 3, rue du Marché

1888

GÉOGRAPHIE

DU DÉPARTEMENT

DE

LA CREUSE

INTRODUCTION

NOTIONS PRELIMINAIRES

Superficie. — Le département de la *Creuse* situé dans la région centrale de la France occupe une superficie totale de 556,830 hectares.

Formation. — En 1790, lorsque la Constituante procéda au remaniement administratif de la France et substitua les départements aux anciennes provinces, il a été formé de la presque totalité de la Haute-Marche, des pays de Combrailles et de Franc-Alleu, et de portions fort restreintes du Bourbonnais, du Berry, du Poitou et du Limousin. Il doit son nom à la Creuse, la plus importante de ses rivières, qui prend sa source au Sud-Est du département, le traverse en entier et le quitte après s'être grossie d'une autre Creuse plus petite et qui vient de l'Est.

Limites. — Sauf une partie du cours du Cher, du Chavanon, du Thaurion et de la Creuse elle-même qui lui constituent des limites naturelles, le département ne possède que des limites purement artificielles.

Les départements qui bornent la Creuse sont : au Nord, l'Indre ; au Nord-Est, le Cher ; à l'Est, l'Allier et le Puy-de-Dôme ; au Sud, la Corrèze ; à l'Ouest, la Haute-Vienne.

Longitude-Latitude. — Le département de la Creuse s'étend entre le 45°40' et le 46°27' de latitude Nord et entre le 0°17' de longitude Est et le 1° de longitude Ouest. Il est donc traversé du Nord au Sud par le méridien de Paris.

Sa plus grande longueur de la commune de Saint-Sébastien à celle de Saint-Merd-la-Breuille, du N.-O. au S.-E., est de 110 kilomètres ; sa plus grande largeur du N.-E. au S.-O., est de 80 kilomètres.

Configuration. — La configuration du département de la Creuse est assez régulière et affecte à peu près la forme d'un ovale dont le plus grand axe s'étend du S.-E. au N.-O. et dont le pourtour est à peu près de 400 kilomètres.

Population. — Là population de la Creuse s'élève d'après le recensement de 1886 à 284,942 habitants.

Sa population spécifique obtenue en divisant le chiffre de la population par celui des hectares est de 51 habitants par kilomètre carré.

La langue française est parlée dans tout le département. Les patois usités dans les campagnes peuvent se rattacher, celui du Nord au patois berrichon, celui du Sud au patois limousin et celui de l'Est au patois auvergnat.

Climat et production. — Le climat de la Creuse est assez uniforme. Mais il n'est pas aussi tempéré que pourrait le laisser croire sa latitude. L'altitude du sol le rattache en partie au climat du plateau central. Les hivers y sont longs et parfois rigoureux, le printemps et l'été sont fort courts, et l'air quoique très pur est trop souvent humide, le caractère granitique du sol s'opposant à la prompte absorption des eaux de pluie. La température moyenne est de 10°13.

On compte par an 90 jours de pluie. La moyenne de la hauteur qu'atteindraient chaque année les nappes d'eau irait en diminuant du S. au N. du département et serait environ de 80 centimètres.

La région est exposée à des vents violents

qui soufflent une partie de l'année. Le vent du sud-ouest domine tous lés autres.

Le sol partout schisteux et granitique est souvent très pauvre. Les landes de genêts et de bruyères, les taillis, les futaies de châtaigniers en couvrent une partie. Ailleurs, le seigle constitue la culture la plus importante ; mais la nature qui n'épuise jamais toutes ses rigueurs sur une région donne en compensation à la Creuse de bonnes terres à blé, des prés verts et des arbres à fruits abondants et renommés.

Patient et laborieux, doué d'une intelligence vive et facile, d'une humeur douce, le Creusois a su tirer de son sol tout le parti possible et nous verrons au cours de ce travail que lorsqu'il s'est agi de commerce, d'industrie, de beaux-arts, il n'est jamais resté en arrière et a su maintenir son département au nombre des bons départements français.

PREMIÈRE PARTIE

TOPOGRAPHIE DE LA CREUSE

AVERTISSEMENT

Nous avons cru devoir, rompant avec les traditions ordinaires, renoncer à étudier le département par ses subdivisions administratives. Non pas que nous comptions négliger cette importante partie : un de nos derniers chapitres lui sera consacré.

Mais de l'étude approfondie de la configuration du sol dans le département est ressortie pour nous la nécessité d'adopter une méthode naturelle. C'est en suivant les cours des rivières, près desquelles presque toujours les villages sont groupés, que nous allons étudier la topographie de la Creuse.

Les enfants retiendront plus aisément ces divisions naturelles qui les frapperont comme autant d'images que les divisions conventionnelles qui chevauchent parfois d'une vallée sur l'autre.

Le département de la Creuse, avons-nous dit, appartient à l'extrémité occidentale du plateau

central. Si des hauteurs de Féniers, vers les
sources de la Creuse, nous jetons un regard sur
l'ensemble du pays, nous verrons d'abord que
presque tout le département ressemble à un
grand plateau, semé d'étangs, incliné au Nord du
côté du bassin de la Loire. De petits cours
d'eaux sans importance en rattachent la partie
méridionale par le bassin de la Dordogne au
bassin de la Gironde. Regardons de plus près.
Deux rivières s'en vont vers le Sud rejoindre la
Dordogne. A l'Est, on aperçoit quelques affluents de l'Allier et les sources du Cher ; à
l'Ouest, la Vienne et de nombreux affluents qui
courent la rejoindre à peu près parallèlement; au
Nord, un petit ruisseau se dirige vers l'Indre.
Toute la partie centrale est marquée par le
double fossé de la grande et de la petite Creuse.

C'est dans ce département que naissent toutes
ces rivières. Aucune, sauf la Creuse, n'y séjourne
longtemps. Le département au point de vue
hydrographique est donc véritablement : *Le
pays des Sources.*

PUY-DE-DOME

Vallées du Chavanon, de la Diège, et de la Courtine

I

Vallées du Chavanon et de la Diège. — La Courtine.

ASPECT GÉNÉRAL. — Un grand plateau semé de collines arrondies et dont la pente s'incline tristement au sud, vers le plateau de Millevaches, des sommets dépouillés, de maigres vallons, des landes d'ajoncs, de bruyères et de genêts avec des étangs, quelques prés sur les cours d'eau, un grand bois, tel est l'aspect des pays qu'arrosent les sources de la Diège et du Chavanon.

MONTAGNES. — Les hauteurs qui limitent au N. les vallées de ces deux rivières font partie de la ligne de faîte entre la Loire et la Dordogne. Elles viennent du Puy-de-Dôme et s'élèvent brusquement au S. de Crocq jusqu'à une altitude de 832 mètres. La chaîne court ensuite vers le S.-O. par le Puy St-Michel et conserve une élévation moyenne de 850 mètres. Nous trouvons ainsi le Puy Chevrol et tout auprès le Puy de la Fage (876 m.), le Signal de la Fagitière (895), la montagne du Mas-d'Artiges (895), enfin celle de Féniers où naissent la Creuse et la Diège (920).

C'est entre le Chavanon et la Diège, dans la forêt de *Châteauvert*, que se dresse le point culminant de la Creuse (931 m.)

LE CHAVANON. — LES COMMUNES. — Le *Chavanon* prend sa source dans le canton de Crocq, coule dans la direction du S.-E., sert pendant quelque temps de limites au département, entre dans le Puy-de-Dôme après un cours de 9 kil., et, 49 kil. plus loin, à l'O. de Singles, se jette dans la Dordogne.

La première commune qu'il traverse est celle de SAINT-AGNANT PRÈS CROCQ qui n'a rien d'intéressant, sauf pourtant le hameau de Salesses qui rappelle le nom d'une ancienne commune supprimée en 1836. Six petits étangs, les ruisseaux du *Tigouleir* et du *Theil*, maigres affluents du Chavanon, arrosent cette commune. Une chapelle réédifiée en 1870 sur le Puy Saint-Michel occupe la place d'une autre chapelle qui fut élevée en 1444 par les soins d'un homme d'Aubusson, compagnon d'armes de Jeanne d'Arc. C'était un des nombreux sanctuaires que les gens du pays si éprouvés par les guerres construisirent un peu partout au lendemain de la guerre de Cent ans.

Le Chavanon entre dans la commune de FLAYAT, traverse le magnifique étang de la *Ramade* (8 k.) qui dans le pays lui donne son nom et reçoit les eaux des étangs de Flayat, des Moulins, de Franouille et de la Vacherie. Le château des seigneurs de Flayat subsiste toujours, mais considérablement réduit et transformé en une grande demeure carrée qui manque de cachet. Dans le Puy-de-Dôme, le Chavanon reçoit la *Méousette* qui coule pendant 16 kil. dans la Creuse. La Méousette vient des hauteurs désolées où sont bâtis les divers hameaux de MALLERET, petite commune qui doit son origine à une chapelle fort vénérée construite après la guerre de cent ans. La Méousette forme là les étangs de Védrenne et de la Méouse (63 hectares).

Elle arrose ensuite la commune de SAINT-ORADOUX-DE-CHIROUZE où l'on remarque, au hameau des Mottes, cinq tumuli fort anciens. A l'O., s'étend la grande forêt de Châteauvert où les sangliers sont encore très nombreux.

Nous atteignons ainsi SAINT-MERD-LA-BREUILLE, pauvre commune que le Chavanon limite à l'E. On y voit le beau tumulus de Manoux et les ruines du vieux manoir féodal d'Hautefeuille.

LA DIÈGE. — LES COMMUNES. — La *Diège* a 50 kil., mais elle ne coule que pendant 2 kil. dans le département. C'est dans la Corrèze qu'elle reçoit La Courtine qui sur 22 kil. en a 9 dans la Creuse. La *Courtine* est formée de deux cours d'eau dont l'un vient de la forêt de Châteauvert, des étangs de Gane-Église et de Coutéjoux, et l'autre de la commune de THUCQ où rien ne mérite de fixer l'attention.

Un peu plus loin, elle se grossit du ruisseau des *Trois-Fontaines* qui arrose un coin de la commune du MAS

D'Antiges, petite commune dans une situation sauvage et triste.

La Courtine qu'on appelle encore ruisseau de *Saint-Dionis* ou des *Eaux-de-l'Eglise*, reçoit le ruisseau du *Rouet* qui traverse l'étang de Cratadoux et arrose le chef-lieu de canton de LA COURTINE. Le bourg assez considérable s'est élevé sur une colline au N. de l'ancienne ville fortifiée détruite vers l'époque de Louis XIII et dont il ne reste plus que de rares vestiges.

Au sud de la Courtine, la commune de SAINT-MARTIAL-LE-VIEUX, est arrosée à l'O. par le ruisseau de l'*Etang de St-Martial*, au centre par la *Sarsonne* qui se grossit à l'E. du ruisseau de l'*Etang de Châteauvert*. Ce dernier coule non loin de la vieille tour ruinée qui fut le donjon des seigneurs de Châteauvert. Toutes ces eaux s'en vont à la Diège par la Courtine.

II

La Vallée du Cher. — Auzances.

ASPECT GÉNÉRAL. — En entrant dans l'Allier, le Cher est déjà une grande et belle rivière à laquelle la Tardes et la Voueyze ont apporté beaucoup d'eau. La région est excessivement pittoresque. Les collines y séparent des vallons riches et bien cultivés ; les prairies abondent. Sur les plateaux, les brandes semées d'étangs présentent à chaque instant de ravissants paysages.

MONTAGNES. — Nous avons vu que les montagnes qui enferment les vallées du Chavanon et de la Diège ont au S. de Crocq une altitude de 800 à 832 mètres. De ce point se détache, à l'E. une chaîne de hauteurs qui sépare le bassin de l'Allier de celui du Cher et dont les sommets les plus élevés sont le Signal des Farges (799 m.), celui de Lascourt Faucher (792) et le Puy du Chassaing (775 m.) sur les flancs duquel se trouvait il y a assez peu de temps le bois de chênes du Chard où l'on menait les porcs manger la glandée.

A l'O., les hauteurs qui séparent la Tardes du Cher ont, près de Sermur, une altitude de 721 mètres, et près d'Evaux, sur les bords mêmes de la Tardes, elles sont encore élevées de 451 mètres.

VALLÉE DE LA SIOULE. — LES COMMUNES. — Hydrographiquement la petite région qui s'étend au S.-E. des montagnes que nous venons de décrire appartient au bassin de l'*Allier* qui passe à 60 kilom. de là. L'Allier se grossit de la *Sioule* qui se grossit elle-même du *Sioulet*. Le Sioulet reçoit le *ruisseau de Condat* qui sur 16 kilomètres de cours en a 5 dans le département et la *Saunade* qui en 9 sur 22.

Le ruisseau de Condat prend sa source non loin de la MAZIÈRE AUX BONS HOMMES, pauvre petite commune, peu intéressante, et qui tire son nom des bons hommes ou moines de Grandmont qui vivaient d'aumônes dans une pieuse retraite au château de Cherbaudy. Quant à la Saunade, elle vient de la partie orientale de la commune de MÉRINCHAL qui, au N., appartient au bassin du Cher. Deux étangs qu'elle traverse là, tels sont les accidents géographiques de cette commune qui formait au moyen-âge les seigneuries de Le Loup et de Tinières.

LE CHER. — LES COMMUNES. — C'est des hauteurs de Lascourt-Faucher, du petit hameau de Cher, (commune de Mérinchal), que vient cette molle rivière longue de 320 kilomètres et qui arrose à son confluent avec la Loire une des plus heureuses contrées de la France.

Le *Cher* traverse du S. au N. la commune de CHARD. Ce n'est encore qu'un ruisseau large à peine d'un mètre et demi et dont de hautes collines resserrent le cours. Il y fait mouvoir deux moulins. Sur les hauteurs déboisées les étangs de Roussine et des Vergnes s'écoulent dans le Cher. Signalons dans cette commune les restes du château de Roussine et le château de Chard qui renferme de belles boiseries datant du XVIIe siècle. Les vieilles toiles et les vieilles tapisseries qui l'ornaient autrefois ont été vendues.

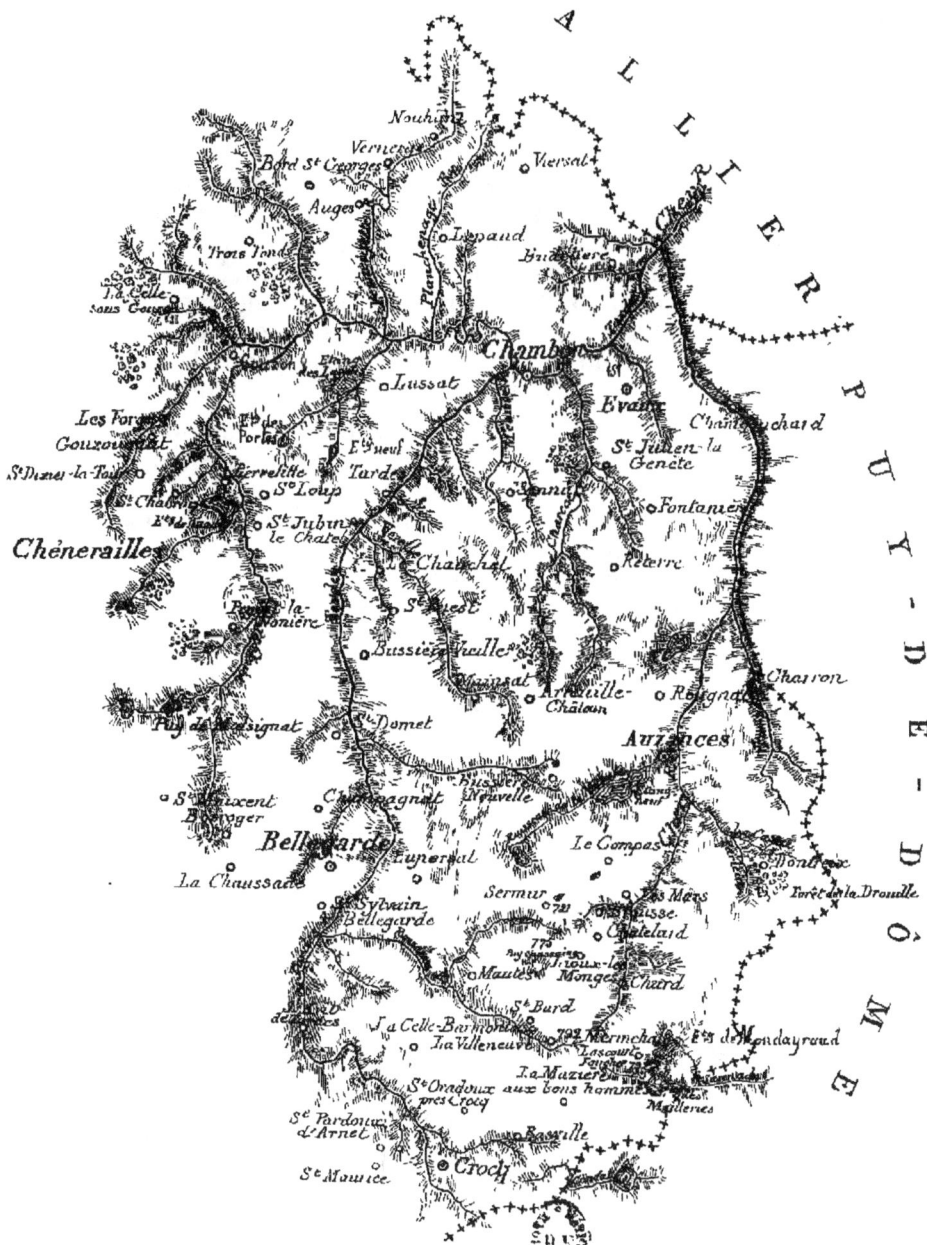

Vallées du Cher, de la Tarde et de la Voueyse

La rivière coule ensuite vers le N.-N.-E. et se grossit d'un petit affluent qui arrose les deux communes peu importantes de LIOUX-LES-MONGES et du CHATELARD. Elle passe ensuite près des MARS où sa vallée s'élargit. Non loin du bourg se trouve un bel étang qui reçoit un ruisseau venu de la commune de BROUSSE. Toutes ces communes, tant au point de vue géographique qu'au point de vue historique, n'ont rien qui vaille la peine d'être signalé.

A l'E. de Brousse, sur un plateau très froid dont l'altitude est de 721 mètres se trouve SERMUR. Quatre étangs, ceux de Beaulong, Roudeleix, de Tailla et de Chanteranne y croupissent sur un sol granitique, sans bois, sauf celui de Besançon à 1 kilomètre du bourg. Sermur, une des cinq châtellenies de Combrailles, fut pillé par les Anglais en 1357. Il ne reste de son château qu'une vieille tour du XIVe siècle.

Un ruisseau qui sort de l'étang de Beaulong va se jeter dans un étang de la commune du COMPAS où rien n'est à mentionner.

Le Cher se grossit sur la droite d'un ruisseau abondant qui vient par plusieurs sources (La *Cosse* et le ruisseau de *Parleix*) de la grande forêt de Drouilles, malheureusement à moitié détruite, située dans la commune de DONTREIX. Dontreix a encore une assez belle église de style roman ; mais le vieux château féodal de Matroux est aujourd'hui démoli.

Il coule ensuite à l'E. d'AUZANCES. Le territoire de cette commune est peu accidenté. Il est arrosé par le ruisseau de l'*Etang-Neuf* qu'on appelle aussi ruisseau de la *Noisatte* qui alimente des vanneries et des moulins. Auzances, chef-lieu de canton, ancienne châtellenie de Combrailles, a une église mi-partie de style roman et de style ogival. Une belle copie de la *Descente de Croix* de Daniel de Volterre orne le dessus du maître autel.

A l'O. d'Auzances, la commune de BUSSIÈRE-NOUVELLE n'a rien d'important.

Plus loin, le Cher coule à l'E. de ROUGNAT. Tout ce pays, généralement déboisé, est sillonné de collines et semé de petits étangs. On signale sur la place du bourg l'existence d'un tumulus. L'église date de plusieurs

époques : l'abside est de l'époque romane, les flancs de
l'époque ogivale, l'arceau est du xv⁰ siècle. Il est formé
d'arêtes appuyées sur des anges à genoux. Un cintre
romain à chapiteaux curieusement découpés recouvre les
fonts baptismaux. Le chevalier Lombardi y a peint quelques tableaux représentant les épisodes de la vie de
Jésus-Christ.

Plus loin encore, près du château Renaissance de
Salvert, le Cher se grossit à droite de la *Pampeluze* qui
vient d'un étang de Verghéaz dans le Puy-de-Dôme.
Cette rivière qui a son confluent près du pont de la Gode,
au-dessous du village des Ecouzettes, limite le département pendant 9 kilomètres. Elle se grossit elle-même, à
l'ancien moulin de Cacherat du ruisseau du *Soulier*, au
moulin de Roudas du ruisseau de *Pampanlix* qui arrosent
CHARRON. Le territoire de cette commune couvert de
petits monticules est généralement pittoresque.

Le Cher laisse sur sa gauche la commune de RETERRE
dont les eaux s'écoulent en partie dans le *Chacrot* où
ruisseau du *Mas* et la commune de FONTANIÈRES. Sur le
territoire de Fontanières on trouve des couches de houille
non exploitées. Les ruisseaux des *Rioux* et de la *Mange*,
tributaires du Cher, arrosent au N. et au S. cette commune où l'on doit signaler les beaux bois de la Faye et
des Pierres-Roches. Au N. du bourg, les vestiges d'un
camp retranché subsistent encore. Des fouilles ont mis à
jour des urnes funéraires, des débris d'armes, des pote-
ries, des puits et des orifices de souterrains. En 1793 on
a planté un tilleul sur l'emplacement de l'ancien château
de Fontanières détruit au xviiᵉ siècle.

Le Cher, à partir de son confluent avec la Pampeluze,
sépare pendant 20 kilomètres la Creuse du Puy-de-Dôme
d'abord (Château-sur-Cher) et de l'Allier ensuite. Il
arrose ainsi CHAMBOUCHARD qui n'a rien de particulier,
reçoit la Tardes et entre dans le département de l'Allier.

III

Vallée de la Tardes. — Crocq.

ASPECT GÉNÉRAL. — La vallée de la Tardes est limitée à l'O. par de hauts plateaux qui atteignent d'abord 600 mètres. Il s'en détache une série de plateaux secondaires qui courent entre la Tardes et la Voueyze et s'épanouissent dans la commune de Lussat où ils se terminent. La région qui nous occupe ici est très accidentée. Les étangs abondent. De jolies prairies occupent le fond des vallées ; mais la plupart des hauts plateaux ont été déboisés et ne sont plus couverts que de maigres bruyères. De nombreux semis de pins ont été faits pour ramener l'arbre sur ces hauteurs.

LA TARDES. — AFFLUENTS. — COMMUNES. — La *Tardes* (62 k.) prend sa source en plein pays de Combrailles, dans l'étang de Lachaud, section du Chez, commune de BASVILLE, à 3 kil. du bourg. Elle coule pendant 7 kil. sur le territoire élevé et mal boisé de cette commune. Les trois petits étangs de Layrit au S. se déversent dans le ruisseau de Condat, affluent du Sioulet. L'église est du XVe siècle. Entre les villages de St-Alvard, Dimpoux et la Villatte, dans une lande sauvage et inculte, il existe un dolmen assez bien conservé appelé par les habitants « *Pierre Levée* ».

La Tardes entre ensuite dans la commune de CROCQ, chef-lieu de canton important. Deux étangs, l'étang d'Urbe au pied de la montagne du même nom et l'étang du Commandeur, les sommets de l'Urbe, du Puy Séninont et du Puy Montel Guillaume, tels sont les accidents géographiques de cette commune. Un filon d'antimoine a été récemment découvert près du village de Nabéron. La ville est bâtie sur le versant sud du Puy de Rochat haut de 780 mètres. Crocq doit son nom à Crocus chef germain qui s'établit là à l'époque des invasions. Mais elle devait exister dès l'époque gallo-romaine, comme le prou-

vent une voie romaine dite chemin de César qui va de
Crocq en Auvergne et les ruines d'un aqueduc de la
même époque. Le moyen âge y a laissé plus de souvenirs
historiques. Les deux vieilles tours qui dominent la ville
sont les débris d'anciennes fortifications du xvᵉ siècle.
Trois rangs de murailles et des fossés les entouraient. Un
souterrain en partait et se dirigeait vers les pentes
rapides de Crouville au pied desquelles coule la Tardes.
Crouville ou Crocq-ville berceau de la cité actuelle fut
détruite au xivᵉ siècle par les soldats du Prince-Noir qui
pendant 18 mois campèrent sur le Puy de la Garde. A
mentionner dans la même commune les ruines du
château de Nabéron siège d'une commanderie de l'ordre
de Malte.

L'Eglise de Crocq, de l'époque moderne, a sept panneaux en bois représentant la légende de St-Eloi peints
au xvᵉ siècle. Durant les orages, la croix du clocher
s'éclaire d'une lueur vague et les habitants disent que
Madame de Mont-Laure, morte en odeur de sainteté,
« allume ses chandelles ».

Crocq fut à la fin du xviᵉ siècle le berceau de la révolte
des *Croquants*. Crocq est la patrie du comte Joseph
Cornudet des Chaumettes, député et sénateur, mort
en 1834.

Après Crocq, la Tardes arrose les communes de St-
Oradoux près Crocq et de St-Pardoux-d'Arnet.

Saint-Oradoux, près Crocq, est une commune accidentée et montagneuse. Le Puy de Rougnat y atteint près
de 600 mètres. L'étang de Mouneix (12 h.) s'écoule dans
la Tardes.

Saint-Pardoux-d'Arnet où l'on peut signaler le bois
de Darnet avait autrefois un couvent important. Les
ruines en ont disparu. Il en reste, à l'Eglise, qui est du
xviiiᵉ siècle, une belle chaire sculptée terminée sur l'abat-
voix par une grosse fleur de lys. Au hameau d'Arfeuille,
dans la même commune, est une chapelle dédiée à la
Vierge qui dépendait autrefois de l'ordre de Fontevrault.
Il est d'usage dans cette commune, pendant les 9 jours
qui précèdent la Noël, à 9 heures du soir, de sonner les
cloches à toute volée.

De là, la Tardes laissant sur sa droite la CELLE-BAR-MONTOISE, où l'on ne remarque rien de particulier, arrose SAINT-AVIT-DE-TARDES, pays très accidenté où l'on remarque le viaduc du Pont-du-Chet sur la Tardes et le château de Chet-de-Barmont construit sous Henri IV et qu'habitait autrefois la famille de la Roche-Aymon.

Dans la commune de St-Silvain-Bellegarde, la Tardes reçoit sur la droite le *Roudeau* qui arrose la Villeneuve, St-Bard et Mautes.

LA VILLENEUVE est une commune de création récente (1er février 1867). Le pays est généralement assez boisé bien que les essences de bois se trouvent surtout sur les haies vives qui enclosent les propriétés.

A SAINT-BARD, le terrain est assez fertile. On remarque le bois de Sannette et les étangs de Sannes et de Chazoulière. La fontaine St-Blaise a une grande réputation dans le pays.

MAUTES. Cette commune est une des plus accidentées et des mieux arrosées de la Creuse. C'est ainsi qu'on y remarque le Puy de Barmont (729 m.), le Puy Chauvy, Chabanne, Les Roches, Les Loges, les Puys de Ayrat et de la Garde. On y trouve les étangs de Boisqueyraud et du Thein. Le Roudeau s'y constitue définitivement aux confluents de l'*Aupelière*, qui jusqu'aux ruines du moulin de-Troupine porte le nom de *Troupine*, et de la *Combe* qui vient de Sermur. Le Roudeau reçoit encore à droite le ruisseau de *Sannes* et l'Aupelière celui de la *Gane*. Les bois y sont également très nombreux : Bois de la Chabanne, des Garennes, de l'Enfer, du Chambon, de la Ribière, de Lavaud, de Barmont, de la Forêt, de Ayrat, de Lascaux, de Sannes et des Mazières.

On trouve à Mautes des pierres druidiques et les ruines d'un vieux château.

SAINT-SILVAIN-BELLEGARDE est situé un peu à gauche de la Tardes. On y remarque les bois du Mazadoux, de Varillas et du Mas.

IV

Vallée de la Tardes *(Suite)*. — Bellegarde.

ASPECT GÉNÉRAL. — Ici, la Tardes coule dans une vallée profonde où elle fait mouvoir de nombreux moulins. L'aspect général ne change guère ; toutefois le nombre des prairies artificielles augmente. Les sommets sont moins abrupts que dans la région de Crocq.

LA TARDES. — AFFLUENTS. — COMMUNES. — La Tardes se dirige toujours vers le N., laissant sur sa gauche, à 3 kil. de là, le bourg important de BELLEGARDE, chef-lieu de canton. Bellegarde est un joli village, bâti sur la partie méridionale de la montagne du château, et où il n'est pas rare de rencontrer des maisons du XVIe et du XVIIe siècle curieusement conservées. Jadis, la ville avait d'importantes fabriques de tapisseries qui furent détruites au début du XVIIIe siècle, au profit de celles de Felletin et d'Aubusson. Le commerce des cheveux avait il y a quelques années une grande importance dans cette ville.

Au moyen âge, Bellegarde, capitale du Franc-Alleu, était une ville murée que ses fossés dessinent encore et dont il reste un pan de murailles avec une tour utilisée pour l'horloge. Sur un petit mamelon, près de la ville, était le château fort des seigneurs de Bellegarde. Il y a une dizaine d'années, les débris ont fait place à une jolie chapelle vouée à Notre-Dame-de-Bonnegarde. Sur le coteau de Puy Roche, un pignon de maisonnette rappelle l'existence de l'ancienne chapelle de St-Roch. On voit à l'église un tableau représentant l'adoration des Mages.

D'après une tradition curieuse, Bellegarde devrait son nom à un épisode de la guerre de cent ans. Les habitants de la ville marchant contre les Anglais avaient garni leurs armes et leurs drapeaux de cornes de chèvres. « Ah, la Belle Garde ! » s'écrièrent les Anglais en les voyant. — Ce nom serait resté à la ville.

La Tardes reçoit là, à droite comme à gauche, un grand nombre de cours d'eau. Ce sont d'abord, à droite, les ruisseaux du *Monteil* et du *Chez-Latour* qui arrosent la commune de LUPERSAT. A signaler les collines du Puy Ferré, du Puy d'Erouletas et du Mont Taré, les petits étangs du Monteil, de Chez-Latour et de Solignat (3 h.), les bois de Mazières et de Gourjenty. Il n'est pas rare de rencontrer à Lupersat des cercueils formés de troncs d'arbres creusés ayant la forme du corps humain et qui remontent à l'époque gauloise. Le Puy Ferré, près du village de Croizet-Chevalier, aurait été couvert, dit la tradition, de tant de flèches dans une bataille que les habitants livrèrent aux Anglais, qu'il aurait tiré son nom de cette particularité. L'église de Lupersat est du XIIᵉ siècle.

A gauche, le ruisseau de *Peyrudette* vient du hameau de Chez-Marfand, passe près du château de Peyrudette où se trouve une chapelle du XVᵉ siècle, et s'unit à la Tardes au Pont, village important de la commune de CHAMPAGNAT. Il sert de déversoir aux petits étangs de la Haute et de Malleteix. Le bois de Champagnat est situé en partie sur cette commune où l'on trouve des antiquités gallo-romaines, le beau Menhir de la *Femme-Morte* au hameau de Monteil-la-Dame et une église autrefois fortifiée qui date de la fin du XIIIᵉ siècle. A mentionner une belle croix de 1524 placée au Bourg.

Le ruisseau de *Bellegy*, à droite, qui a son confluent dans la commune de St-Domet, vient de BUSSIÈRE-NOUVELLE, pays pauvre, terre infertile, avec quelques bois de hêtres et de chênes.

En suivant le cours de la Tardes, large alors de 8 à 10 mètres, nous rencontrons SAINT-DOMET. La rivière s'y grossit sur la gauche du ruisseau déversoir de l'*Etang* de St-Domet, sur la droite du ruisseau de Bellegy. A part les étangs, nous n'avons à signaler que les mares de la Ribière et du Prieuré. St-Domet doit son origine aux moines de l'abbaye de Beaulieu qui les premiers défrichèrent et cultivèrent le sol. On voit à la Croix-au-Bost les restes d'une commanderie. L'église date du XIIIᵉ siècle.

Vient ensuite la commune de SERRE-BUSSIÈRE-VIEILLE où l'on ne trouve rien qui mérite d'être signalé, sauf un dolmen, élevé, sur une butte artificielle. Le ruisseau de *La Forêt* qui arrose cette commune vient de MAINSAT, où il traverse l'étang des Portes. Mainsat est en outre arrosée au N. par le ruisseau de la *Chareize* qui passe au bourg et sert de déversoir aux étangs du Mont, de Mainsat, de la Chirade et de Pradettes. Le pays est assez boisé. Le sol pauvre est cultivé avec le plus grand soin. Les prairies sont belles. Mainsat est le berceau de l'illustre famille de la Roche-Aymon. Cette commune jadis plus importante a des foires où se fait un grand commerce. L'Eglise est de la Renaissance. Il y avait là au XIIIᵉ siècle un prieuré de l'ordre de Cluny.

La Chaveize prend le nom de *Vezelle* dans la commune de SAINT-PRIEST dont le territoire occupe un plateau peu accidenté, mal boisé et peu fertile. A l'O. de la commune, sur la Tardes, le pont de Bonlieu date du XVIIᵉ siècle : il serait l'œuvre des moines Bernardins de l'abbaye de Bonlieu.

La Vezelle grossie du *Rio des Vergers* arrive ensuite dans la commune du CHAUCHET et se jette dans la Tardes au Pont des Malades.

A partir de son confluent avec la Vezelle, la Tardes s'incline vers le N.-E. jusqu'à Chambon. Elle arrose ainsi TARDES, laissant au N.-O. l'étang de Poutinchoux, coule au milieu de petits monticules couverts de bruyères, assez mal boisés mais de l'aspect le plus pittoresque et entre ensuite dans la commune de Lussat qui est surtout arrosée par la Voueyze.

Un peu avant Chambon, elle reçoit la *Méouse* qui vient de la commune de SANNAT, une des plus pauvres du département. On y remarque les étangs de Giraud, des Mouillères, de Magozou et les bois d'Évaux, de Fayolle et des Clautres. Le rocher de Ropateau qui surplombe le cours de la Méouse y est très curieux à voir.

V.

Vallée de la Tardes *(Suite et Fin)*. — Chambon-Evaux.

ASPECT GÉNÉRAL. — Nous voici dans l'une des parties les plus pittoresques de la Creuse, une de celles que Georges Sand aimait à décrire : « Le pays est adorarable, dit-elle. On quitte de grands plateaux, d'un terrain maigre et humide, couvert de petits arbres et de grands buissons, et l'on descend dans une gorge longue, sinueuse, qui, par endroits, s'élargit assez pour devenir vallée. Au fond de cette gorge qui se ramifie coulent des rivières de vrai cristal, point navigables et plutôt torrents que rivières, quoiqu'elles ne fassent que filer vite en tourbillonnant un peu et sans menacer personne.... C'est un pays d'herbes et de feuilles, un continuel berceau de verdure. »

LA TARDES. — AFFLUENTS. — COMMUNES. — Après avoir reçu la Voueyze que nous étudierons prochainement, la Tardes arrive au chef-lieu de canton de CHAMBON. Chambon, ancien chef-lieu des Cambiovicenses, peuplade gauloise, fit partie au moyen âge du pays de Combrailles. Elle eut de bonne heure des libertés communales comme le prouve l'existence de la Tour aux Bourgeois aujourd'hui réunie à l'église et qui date du XIe siècle. On y remarque une cheminée monumentale et une grande salle où se réunissaient jadis les échevins de la ville. L'église du XIe siècle est classée comme monument historique. Elle dépendait autrefois d'un couvent de Bénédictins, dépendant lui-même du prieuré de Bonlieu. Signalons encore les ruines des châteaux de Léras, de Guillaume et du Fort la Motte qui défendaient alors la ville au N. Les châteaux de Villemoleix, du Puy de Chambon et l'ancien couvent ont été restaurés et sont aujourd'hui habités. A l'O. de la ville le faubourg de la Brèche rappelle l'entrée des Anglais à Chambon durant la guerre de Cent ans.

N'oublions pas de mentionner les belles écoles de Chambon et le viaduc de la Tardes. Ce beau monument est remarquable par sa hauteur (105 m.), la hardiesse des deux piles, la légèreté apparente du tablier en fer et surtout par la portée de la travée du milieu (104 m.)

Chambon est la patrie du conventionnel Buraillon.

Les principaux bois de la commune sont ceux de Saint-Martial, de Marsac, de Thaury et de Bessegout.

Au-delà de Chambon, la Tardes reçoit le *Charcot* qui se forme des ruisseaux de *Montel la Tour* et .du *Genet*, déversoirs des étangs de Châtain, de la Pradelle, du Genet et de Roche, dans la commune d'ARFEUILLE-CHATAIN. Le sol de cette commune est généralement pauvre et peu boisé. Les bois de Châtain, de la Pradelle et de Roche n'ont pas plus de 23 hectares. L'ancien château féodal subsiste encore. Il est entouré par des fossés larges et profonds emplis d'une eau noirâtre, mais il a été reconstruit au XVIᵉ siècle. Un de ses derniers propriétaires fut le prince russe Augustin Galitzin.

Le Charcot traverse ensuite la commune de Sannat et arrive dans celle de SAINT-JULIEN-LA-GENÊTE où il se grossit à droite des ruisseaux du *Pré Charles* et de *Chaumazelle*.

La Tardes va bientôt s'unir au Cher. C'est dans l'angle formé par le confluent de ces deux rivières que se trouve EVAUX. Les eaux vives d'Evaux s'écoulent vers la Tardes par le ruisseau de *Doutaud* et celui de *Moneix* ou des *Bains*, vers le Cher par les ruisseaux de *Vinnière*, de *Chantemerle*, de *Bregerolle*, de *Créchat* (ce dernier grossi de la *Côte Biza* et du *Queille*), de *Gane-Pizoux* et de *Brély*. Les collines de Combrailles qui couvrent cette commune sont formées de roches de gneiss stratifié. On y remarque les bois du Mas et d'Ayen.

Evaux, aujourd'hui chef-lieu de canton, était avant la Révolution la capitale du pays de Combrailles. Cette ville était autrefois entourée de murs dont il existe encore des restes. Ses armes étaient de sable à trois chevrons d'or et une étoile de même en pointe. Elle a dû sa prospérité à ses sources d'eaux thermales dont la découverte paraît remonter à la plus haute antiquité. La forme de quelques bains, les matériaux qui les composent, le ciment qui les lie, tout annonce que la construction des thermes remonte à l'époque romaine. Les eaux d'Evaux ont été fréquentées de temps immémorial. Des chemins de communication entre elles et les grandes villes telles que Limoges ont été reconnus dans un temps où il existait à peine le moindre rapport de communication entre les petites et les grandes villes.

Les anciens thermes romains ont été reconstruits en 1833. L'eau des différentes sources est sulfatée sodique, azotée et ferrugineuse. Sa température varie de $+ 42°$ à $+ 57°$.

La vigne apparaît dans les environs d'Evaux et donne quelques résultats. Signalons au chef-lieu les bas-reliefs de l'église, et sur le Doulaud, les ruines du vieux château de la Roche-Aymon.

La ville a possédé jusqu'à la Révolution un monastère important qu'occupaient en dernier lieu des chanoines réguliers de Sainte-Geneviève.

Le confluent du Cher et de la Tardes se trouve au Sud de la commune de BUDELIÈRE, au bateau du Mas. Rien de plus pittoresque et de plus varié que ce confluent qui forme une espèce de promontoire désert et sauvage où se fait un pèlerinage fameux en l'honneur d'un solitaire, Saint-Marien, qui aurait vécu là aux premiers siècles de l'ère chrétienne.

La commune très boisée jadis n'a plus que les bois de chênes de Lassoux, de la Vernude et d'Age. Les petits étangs de la Villederie, de Chaumonteil, de Vernon et du Machaumeix s'écoulent par des ruisseaux insignifiants vers la Tardes ou le Cher. Signalons le château de la Villederie, bien enclos, avec des terrasses ombreuses et le châlet du Montbardoux auprès de la forêt du même nom.

Au N. de la commune de Budelière se trouve VIERSAT qui a été grossie en 1834 par l'adjonction de l'ancienne commune de Combrailles. Le sol assez bien boisé est arrosé par un ruisseau qui se jette dans l'étang de Montliard. A Viersat, se trouve un beau château féodal, avec ses fossés. Il a été réparé récemment. De belles allées, ombragées par les rameaux des charmes conduisent à ce château.

Dans le voisinage de Viersat, coule une rivière, la *Verneigette*, affluent de la Voueyze, qui vient de Soumans et arrose Nouhant, Verneiges et Auge. VERNEIGES et AUGE n'ont rien de remarquable. A NOUHANT, pays assez élevé mais peu accidenté, la Verneigette, se grossit des ruisseaux de *Bellefaye* et de *Fressinaud*. Les étangs du Bourgnon, de la Toueille et du Fressinaud ont été convertis en prairie. L'église, romane et ogivale, date du XIIIe et du XVe siècles. Le château de Fressinaud flanqué de cinq tours percées de meurtrières date du commencement du XVIIe siècle.

Les ruisseaux de *Planche-Page et de la Gasne de Boulerand*, affluents de la Voueyze, arrosent la commune de LÉPAUD. Lépaud est la patrie de Louis-Pierre Périgauld de Rocheneuve qui fut lieutenant-colonel, à l'armée de Sambre-et-Meuse, du *bataillon infernal* formé en 1792 par les volontaires Creusois. C'est dans cette commune, au château de Montpensier, que fut exilée la Grande Demoiselle, fille de Gaston d'Orléans, après sa conduite durant la Fronde. Ce château date du XVe siècle. Il a été reconstruit en 1847 ; malheureusement il reste inachevé. Dans l'église de Lépaud on remarque les tombes de la Maison d'Orléans avec l'Ecu de France et celles des Condés avec le bâton de bâtardise en bande sur les armes de France.

VI

Vallée de la Voueyze. — Chénerailles.

ASPECT GÉNÉRAL. — La ligne de partage des eaux entre la Creuse et le Cher se développe à l'O. de la vallée de la Voueyze. Les plateaux que nous avons déjà signalés s'élargissent, occupent une contrée couverte d'étangs nombreux, humide et parfois mal boisée. Entre Jarnages et Chéncrailles ils se bifurquent. Une branche continue à courir au N.-O., l'autre se replie vers le N.-E., limite la vallée de la Petite Creuse et se termine seulement aux environs de Nouhant. La vallée de la Voueyze est riche en monuments historiques.

LA VOUEYZE. — AFFLUENTS. — COMMUNES. — La *Voueyze* (50 k.) qui se jette dans la Tardes près de Chambon est une rivière importante par le nombre des communes qu'elle ou ses affluents arrosent. Elle prend sa source par des ruisseaux sans importance dans les petites communes de la CHAUSSADE où l'on remarque le Puy-Buxerette et de BOSROGER.

Elle coule ensuite au N. dans la commune de PUY-MALSIGNAT disjointe depuis 1879 de celle de St-Médard. Au S. du bourg on remarque deux petites hauteurs : l'Arbre-des-Méris et le Puy de Mergue. Deux ruisseaux alimentent, l'un l'étang de Montlivier près du hameau de Mourgoux, l'autre l'étang de Hte-Serre. Les bois du Puy sont au N.-E. du bourg (30 h.) Il ne reste plus qu'une tour du vieux château féodal (XVᵉ s.) ainsi que le portail de la cour et l'escalier intérieur. De l'époque gallo-romaine datent des ruines funéraires et les vestiges d'un camp aux Boueix. Un souterrain devait relier le bourg à ce hameau.

La commune de PEYRAT-LA-NONIÈRE que l'en rencontre ensuite est arrosée à l'E. par la Tardes et traversée par la Voueyze qui se grossit à 600 mètres du bourg du ruisseau de l'*étang de Pys*. Les autres étangs sont ceux de la Vozeille, des Reboulles et du domaine de la Porte. On y trouve les bois de la Virole, de la Vozeille et de la Bormette (en tout 150 h.). C'est à l'E. de la commune, sur la Tardes, dans un vallon étroit, don d'Amélius de Chambon, que Géraud de Salles fonda en 1119 l'abbaye de Bonlieu qui a depuis été restaurée avec goût et est encore habitée. Trois vieux châteaux, ceux du Mazeau, de Chiroux et de la Vozeille ont dû être des dépendances de cette riche abbaye. Sur la place du bourg un lion en pierre semble indiquer que Peyrat a vu les Anglais à l'époque de la guerre de Cent ans.

La Voueyze traverse par le milieu la commune de

SAINT-JULIEN-LE-CHATEL « le jardin de la Creuse » que baignent encore la Tardes à l'E. et la *Rebeyrette* à l'O. On y trouve le grand étang de Pinaud avec un îlot au milieu (40 h.) et le bois des Souchères qui s'étend sur la commune de St-Loup. St-Julien doit son nom à son vieux château féodal garni de 12 tours et défendu à 1500 mètres de là par une tour isolée entourée de fossés. Ce vieux château a été reconstruit en 1605 par Françoise de Neufchâteau.

SAINT-LOUP, longtemps appelé St-Loup-les-Landes est très boisé. Les bois des Soucheries, des Barres, des Landes et de la Nouzière ont près de 300 hectares. Il n'y a qu'un petit étang, l'étang de la Jarrige. St-Loup a gardé de nombreuses traces de l'occupation romaine — urnes cinéraires, morceaux de béton, pilastres, briques, débris d'aqueduc etc... Du moyen âge datent les ruines du vieux château de la Jarrige et l'ancien prieuré de Fleurat aujourd'hui disparu. St-Loup était alors sur la limite du pays de Combrailles et du Berry.

PIERREFITTE est bâti entre les ruisseaux de l'*étang de Pinaud* et de *St-Chabrais*, affluents de la Voueyze. Le sol est peu accidenté (Puy-du-Mont). Le ruisseau de l'étang de Pinaud sort de l'étang d'Etansannes à St-Chabrais.

SAINT-CHABRAIS a un sol assez accidenté dont le point culminant est situé aux Bornes. Trois petits ruisseaux déversoirs des étangs de la Combe, de Malleret, des Peyroux Vieux, se jettent dans la Voueyze. Il y a une centaine d'hectares de bois taillis dans la commune. On trouve à Saint-Chabrais des monuments druidiques (la Pierre Soupèse), des traces de l'occupation romaine, et les trois châteaux de Malleret, des Peyroux et d'Etansannes aujourd'hui transformés et rebâtis à neuf.

C'est à l'O. de St-Chabrais que se trouve CHÉNE-RAILLES, chef-lieu de canton dont les foires sont très importantes. Chénerailles est située sur un plateau incliné vers le N.-E. Elle est arrosée par deux ruisseaux minuscules qui alimentent, l'un l'étang du Cante, l'autre l'étang de Pompeix. On peut signaler en outre le tout petit ruisseau de *Peyrusse*. Un seul bois, à essence de chênes, est situé au S.-O. de la ville.

Chénerailles, autrefois *Canalis*, est une ville très ancienne. On y a retrouvé des urnes pleines de cendres et d'os, des médailles impériales de Maximien, Gallien, Gordius, Licinius etc. Au moyen âge, ce fut une *Villefranche* gouvernée par un bailli, vassale du comte de la Marche qui possédait un château fort situé sur le rocher où s'élève aujourd'hui l'église paroissiale dédiée à St-Barthélemy. Dans cette église on remarque un tombeau sculpté de l'an 1300. Chénerailles souffrit beaucoup au temps des Anglais ; elle fut même à peu près détruite. Mais Bernard et Jacques d'Armagnac la firent reconstruire (1430-1440).

En 1592, Chénerailles prit parti pour la Ligue et soutint avec l'aide de Dechaux, sieur de Mallereix, un siège mémorable contre d'Abaine, gouverneur de la Marche. Elle dut se rendre à la fin. François Chopy (m. en 1595) a chanté ce siège.

Chénerailles vit d'autres calamités. En septembre 1455 la plus grande partie de la ville fut brûlée. En 1564, elle fut décimée par une épidémie. En 1573, elle fut prise et pillée par des régiments suisses qui revenaient du siège de La Rochelle.

Dans la commune de GOUZON, la Voueyze reçoit sur la droite les eaux de l'étang de Réville ou de Bancheraux qui domine la hauteur dite la Latte-de-Réville. Au N. de la commune se trouve le bois de la Feuillade. Si l'on en croit la tradition, le village doit son nom à un Anglais, Good son, qui s'y serait établi à l'époque de la guerre de Cent ans. Gouzon comme Chénerailles a des foires importantes. L'église est du XIIIe siècle.

Dans la même commune, sur sa rive gauche, la Voueyze reçoit le ruisseau de *Goze* qui arrose St-Dizier-la-Tour, Gouzougnat et les Forges. Ce ruisseau se grossit lui-même du ruisseau de *Signolet* qui arrose St-Sylvain-sous-Toulx et la Celle-sous-Gouzon.

SAINT-DIZIER-LA-TOUR (4 étangs et 5 bois dans la commune) est formé de la fusion des deux communes de *St-Dizier* et de la *Tour-d'Austrille*. Près de ce hameau qui fut au moyen âge le chef-lieu d'un prieuré régulier, se trouvent les ruines de deux villes sans doute romaines et trois tumuli où des fouilles pratiquées en 1865 ont mis à

jour des ossements d'hommes et d'animaux, des casques,
des cuirasses, des épées, des flèches, etc... Le château
d'Orgnat a de belles tapisseries d'Aubusson.

GOUZOUGNAT n'a rien de particulier, non plus que les
FORGES. A l'E. du bourg de SAINT-SYLVAIN-SOUS-TOULX,
signalons une ligne de cailloux grisâtres, longue d'un
kilomètre et haute de 10 mètres. Rien à dire sur la
CELLE-SOUS-GOUZON.

A partir de son confluent avec la Goze, la Voüeyze
coule sensiblement de l'O. à l'E. dans une vallée encaissée qui tourmente son cours pittoresque. Là elle reçoit
sur sa droite le ruisseau de l'*étang de Landes*, le plus
grand du département (120 h.) qui lui-même est alimenté
par le ruisseau de l'*étang Neuf*. Ce ruisseau traverse la
commune de LUSSAT. Le ruisseau de la Vermigette,
(v. ch. IV) même commune, se jette dans la Voueyze à
300 mètres en amont du Pont-Bredeix, ancienne voie
romaine d'Evaux à Autun. Le bois de Landes (500 h.)
est souvent encore le repaire de loups et de sangliers.
Sur la place publique de Lussat, une pierre tumulaire
porte l'inscription funèbre de René de Malleret, gentilhomme de la Chambre du roi, mort en revenant de ses
armées du Languedoc, le 6 mars 1622.

Sur la gauche, la Voueyze reçoit le ruisseau du *Pont*
qui traverse la petite commune de TROIS-FONDS et le
ruisseau qui draine les eaux de BORD-SAINT-GEORGES et
vient du plateau où est bâti Toulx-Ste-Croix (v. ch. XIX).
Signalons à Bord-St-Georges la montagne de Pierre
Laroche percée par des souterrains gaulois et la belle
forêt de Favant.

VII

Vallées de la Chandouille et de la Maulde. — Gentioux-Royère.

ASPECT GÉNÉRAL. — MONTAGNES. — La région dont nous commençons l'étude forme un vaste plateau d'une hauteur moyenne de 800 m. légèrement incliné vers le S.-O. C'est une pauvre contrée que celle-là. Les pâturages et les pacages dominent. Les vallées ont des tourbières profondes ; les sommets sont parfois nus, parfois hérissés de bruyères et d'ajoncs. Les points les plus élevés sont le signal de Groscher (906 m.), au N.-E. de Verginat, le puy de Coudreau au S. de Gentioux (824 m.), et celui de la Brause (859 m.), à l'Est. Signalons en outre le Puy d'Arzalier dans la commune de Faux-la-Montagne et les hauteurs de Royère que nous étudierons de plus près tout à l'heure.

LA CHANDOUILLE. — GENTIOUX. — *La Chandouille*, affluent de la Vienne, a une longueur de 13 kilomètres dont 6 dans le département et 4 sur sa limite. Elle naît dans la commune de GENTIOUX, où elle traverse la prairie tourbeuse où fut l'étang de Chandouille. Gentioux est un chef lieu de canton de peu d'importance. Le sol est couvert de bois (300 hectares dont 200 d'essence résineuse) et de pâturages tourbeux. On y trouve les étangs de Tras-la-Sagne. Gentioux est la patrie du conventionnel J.-B. Coutisson du Mas, (1746-1806). Il y a des tourbières dans toutes les sections de la commune. On exploite des carrières d'un beau granit à la Brause et au Coudreau.

La Chandouille passe ensuite dans la commune de FAUX-LA-MONTAGNE et va se jeter dans la Vienne au dessus de Tarnac (Corrèze). Elle reçoit un peu avant son confluent le petit ruisseau *du Moulin*. Le véritable cours d'eau de Faux-la-Montagne est le ruisseau de la *Feuillade* qui traverse l'étang et la forêt du même nom où jadis Pierre d'Aubusson, grand maître des chevaliers de Malte, venait chasser et d'où il surveillait les commanderies de Pallier et de Féniers. Le nom de Faux-la-Montagne (du latin *fagus-hêtre*) indique que ce pays était autrefois très boisé. Il y a encore 800 hectares de bois dans la commune. La dent des moutons très nombreux sur ces hauteurs entrave les progrès du reboisement. Des forges importantes détruites en 1784 par une inondation existaient autrefois au hameau de la Feuillade. Dans cette commune sur les bords rapides et escarpés de la Feuillade se trouvent une roche branlante et les pierres druidiques du Dorat. L'église de Faux, ancienne chapelle des Templiers, a au sommet de sa voûte et sur les façades de l'E. et de l'O. la croix de Malte. C'est là qu'étaient autrefois les tombeaux des seigneurs d'Aubusson.

La Feuillade traverse ensuite la commune de *la Villedieu* où elle fait mouvoir deux moulins d'une certaine importance.

LA MAULDE. — ROYÈRE. — *La Maulde* (70 kilom. dont 31 dans la Creuse), autre affluent de la Vienne, est une rivière abondante et sinueuse. Elle vient du Puy de Coudreau, au S. de Gentioux. Elle entre bientôt dans la commune de ROYÈRE, une des plus étendues du département. Le bourg de Royère, chef-lieu de canton, est bâti juste sur la ligne de partage des eaux de la Maulde et du Thaurion, et les eaux de la fontaine située sur la place publique de la Mayade peuvent, au gré des habitants, être déversées dans l'une ou l'autre de ces deux rivières. Les montagnes de Royère ont généralement une forme arrondie. *Le Signal*, ainsi appelé à cause du Signal que Cassini y fit placer en 1740 et qui fut remplacé par une tour en bois (1840) et plus tard en pierre (1874-75), en est le point culminant. Les autres sommets sont le Puy Charimont, le Puy Brousset, le Puy de Charvaud (750 m.) le Puy Imbert (767) le Puy du Goulet (782). Le bourg de Royère est lui même à une altitude de 756 mètres. Tous ces sommets sont couverts de bruyères, de taillis et sur quelques points seulement de belles futaies. (Bois d'Orladeix et du Leyris, bois d'Andaleix, d'Arpeix, du Couraud et de Sagnes). — On trouve

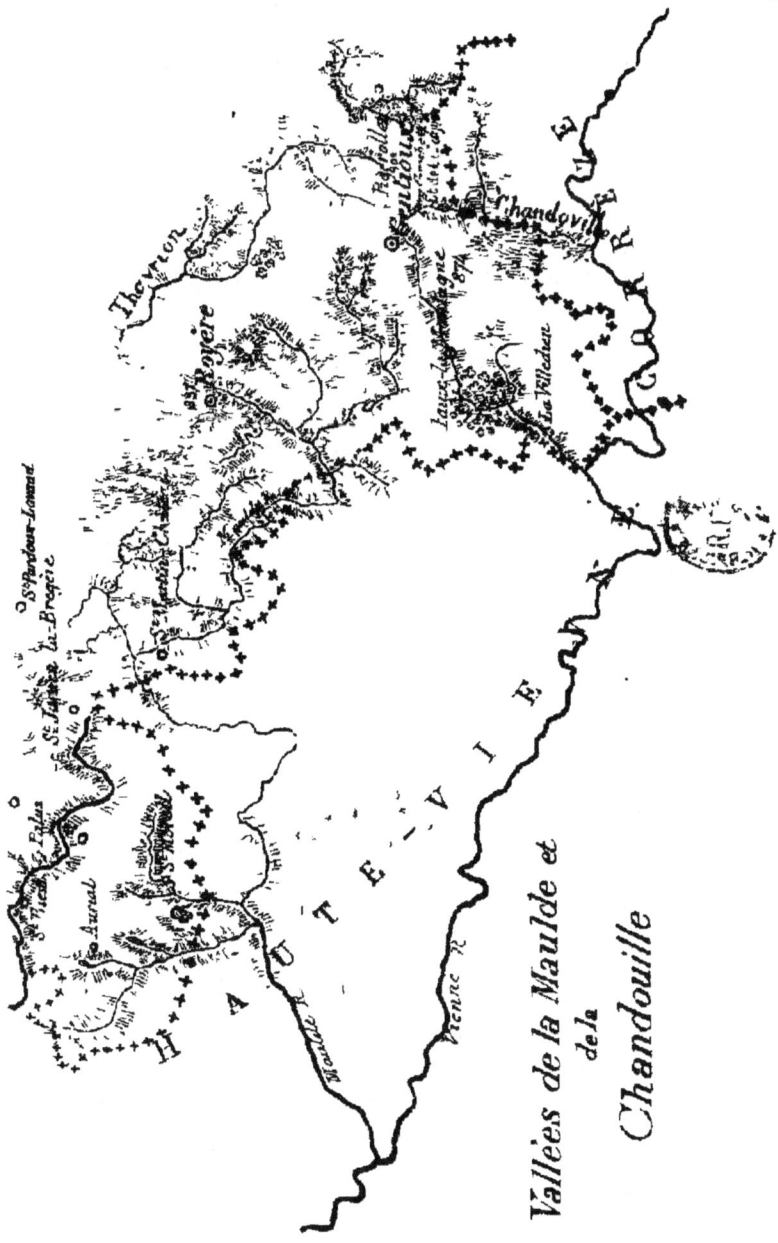

Vallées de la Maulde et
de la
Chandouille

Thouron

Royère

St-Pardoux-Lavaud

St-Laurent-la-Brogie

Auriat

HAUTE-VIE

CREUSE

Chandouille

Maulde R.

Vienne R.

des mines de granit sur les puys, des tourbières dans le fond des vallées. L'église de Royère dont la chaire est faite d'un seul bloc de pierre est antérieure au xiiie siècle. Des constructions féodales il ne reste plus que le souvenir de la Tour de Royère appartenant au seigneur d'Aubepeyre et du château de la Motte qui a peut être été détruit par les Anglais.

Au S.-O. du bourg, est une sorte de camp retranché qu'on appelle dans le pays le camp de César. A l'E. une pierre druidique énorme, bizarrement découpée, porte le nom de Pierre du Crapaud.

La Maulde qui se grossit des eaux du ruisseau de *Jansanetas* (Etangs d'Arfeuille et de Mazeau), grossi lui-même des ruisselets du *Clou*, du *Villard* et de *Soumeix*, qui reçoit hors du département les eaux de l'*Anzoux*, du *Picq*, et du *Verdinas*, quitte un moment la Creuse pour y revenir presque aussitôt dans la commune de Saint-Martin-Chateau où elle se grossit des ruisseaux poissonneux de Tourtoulloux et de la Chassagne. Le sol de cette commune est très accidenté et n'a point de bois d'une grande étendue ; les autres sont disséminés partout le long des haies. C'est là que la Maulde dans une chute de 12 à 15 mètres de haut forme la belle cascade des *Jarreaux*, à 800 mètres du bourg. Saint-Martin-château est remarquable par son église qui date du xiie siècle et par les pierres branlantes de Tourtoulloux et de Lagathe.

La Maulde reçoit un peu plus loin le *Grand-Ruisseau* qui arrose la commune de Pardoux-Lavaud dont le sol est assez accidenté, (chaînes de Buze et de Lavaud-Mont Pétru). Le grand ruisseau qui vient de deux sources, l'une issue de la Roche du Pic (Royère), l'autre du bois Larrou (Saint-Pierre-le-Bost), forme la petite cascade d'Augerolles. L'église, de l'époque romane, a été en partie reconstruite au xve siècle.

La Maulde a déjà quitté le département, mais elle reçoit encore quelques cours d'eau qui viennent de la Creuse. Un d'entre eux arrose St-Moreil que la *Vige* affluent du Thaurion arrose également au N. Il y a à St-Moreil un temple protestant fondé depuis 1875. A signaler l'étang de la Farge et la forêt de Parjat.

AURIAT situé sur les confins de la Creuse et de la Hte-
Vienne est une petite commune assez bien boisée dont
les trois étangs s'écoulent vers la Maulde par des ruisseaux sans importance qui coulent dans de jolis vallons
dominés par des sommets coniques couverts de bruyères.

VIII

Vallée du Thaurion. — Pontarion.

LES MONTAGNES. — La vallée du Thaurion est limitée au Sud par les montagnes déjà étudiées qui constituent les plateaux de Gentioux et de Royère. Ces
montagnes envoient sur la rive gauche du Thaurion une
série de ramifications assez importantes, puisque certains
sommets atteignent 727 mètres à Soubrebost et 700 m.
au S. de Bourganeuf. A l'E. la chaîne part des environs
de Pigerolles, présente comme sommets le Puy d'Hyver-
neresse (850 m.), les hauteurs de Saint-Michel-de-Vaisse
et celles de Peyrabout (687 m.) ; au N., les collines qui
séparent cette vallée de celle de la Gartempe atteignent
687 mètres au S. de la Chapelle-Taillefert et 697 mètres
au Puy Montjuvis dans la commune de Saint-Goussaud.

LE THAURION. — AFFLUENTS. — LES COMMUNES.
— Le *Thaurion* qui sur 96 kilomètres en a 83 dans le
département vient de Pallier, près de la Brause (Gentioux). Il arrose d'abord la commune de SAINT-MARC-A-
LOUBAUD où il reçoit des ruisselets sans importance. Le
sol est généralement mal boisé et l'on ne voit guère de
beaux arbres que sur les haies.

Il entre ensuite dans la commune de Royère, dont il
ne traverse que la lisière orientale, laissant sur sa droite
les hameaux de Rubeine et de Rochas. Il s'y grossit des
ruisseaux de *Lascaux*, d'*Arpeix*, d'*Andaleix*, etc. Il n'est
encore ni navigable ni flottable sauf à bûches perdues. Il

Sous-Pasat

St Sulpice-les-Champs

Valleres

Gentioux

La Nouaille

Banize

St Yrieix la Montagne

St Marc Touboeil

Chavanat

Royere

Pontarion

La Pouge

St Eloy

Chatenet

Sardent

Montlebeau au Vicariat Le Bost

Ceyroux

Aigueres

Thier

Bosmoreau

Maisoncu

PONTARION

Manrat

Mansat

Montroplex

St Pardoux-Lavaud

Soubrebost

Mazeirat

St Martin Ste Catherine

Vidaix-le-Marche

St Goussaud

St Martin Chareugnat

Cieux

St Bard

Auriat

HAUTE - VIENNE

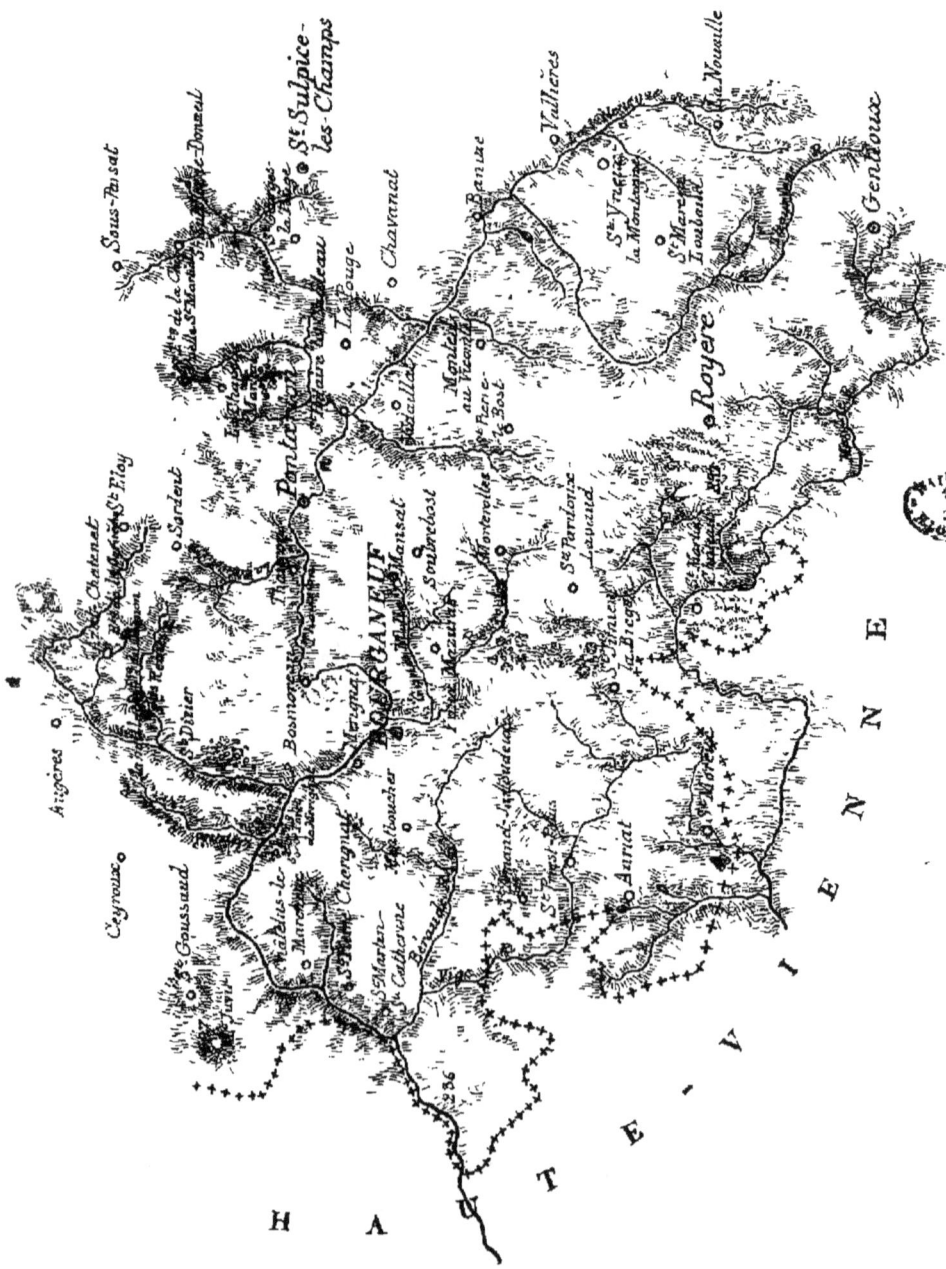

Vallée du Thaurion

reçoit en sortant de cette commune le ruisseau de la *Mazure* (Etangs d'Hautefaye et de Prugnolas) dont les eaux servaient autrefois à l'irrigation des prairies de Châtain, paroisse du Monteil-au-Vicomte. La rigole qui les conduisait a fait naître une légende curieuse d'où la gorge pittoresque du Thaurion a pris le nom de *Rigole du Diable.*

Sur sa droite le Thaurion reçoit la rivière de *La Villeneuve* qui vient de LA NOUAILLE où naît également le Gourbillon, affluent de la Creuse. Le Puy de Plane et le Puy Chaud sont les deux hauteurs importantes de cette commune.

Sur la gauche, la Villeneuve se grossit d'un ruisseau qui arrose SAINT-YRIEIX-LA-MONTAGNE où l'on trouve l'étang d'Aubepeyre.

Avant de se réunir au Thaurion elle arrose VALLIÈRES où elle reçoit le ruisseau de la *Chaise.* Dans cette commune l'école occupe les salles d'un vieux château féodal qui date du XIVᵉ siècle. A signaler les étangs de la Chaise, de Chabassière et de Nasvaudier. L'église de Vallières est du XIIIᵉ siècle. Le buste en bronze de Pierre d'Aubusson repose sur une belle fontaine dans le bourg.

Le Thaurion ainsi formé passe à BANISE où il se grossit des eaux des étangs de Puy-Joint et de Rebéry et coule dans une gorge pittoresque, laissant sur sa gauche le MONTEIL-AU-VICOMTE. Cette commune que couvrent les pentes abruptes et escarpées des montagnes du Châtain, du Barry, de Lachaud et de l'Arfouillère est arrosée par le ruisseau des Ribières accru lui-même du ruisseau de Gasne-Pramy. Monteil-au-Vicomte est la patrie de Pierre d'Aubusson, grand-maître des chevaliers de Rhodes, né en 1423, l'héroïque défenseur de la Chrétienté contre Mahomet II. On admire au Monteil l'église gothique ainsi que les ruines d'un beau château démoli en 1636 par ordre de Richelieu et dont il reste deux tours de 20 mètres chacune. Ce château qui appartint à partir du VIIIᵉ siècle aux seigneurs d'Aubusson aurait été fondé à l'époque romaine.

En face du Monteil-au-Vicomte et sur la rive droite du Thaurion, dominé par la montagne de Haute-Besse et le

Puy de Pierre-Gagère (645 m.) se trouve la commune de
CHAVANAT, où l'on n'a rien à signaler.

Le Thaurion arrose ensuite à gauche la commune de
VIDAILLAT où rien ne retient l'attention et à droite SAINT-
HILAIRE-LE-CHATEAU qui s'est appelé à un moment Saint-
Hilaire-Thaurion. Cette commune est arrosée par le
ruisseau des *Vergnes* qui vient de Sardent et meut les
moulins des Veauves et du Pradeix. A Saint-Hilaire même
que domine de la rive gauche du Thaurion le Puy de
Fourchat, elle est arrosée par la *Gasnes* qui coule au
pied du Puy de la Courcelles. Un peu en amont l'étang
limoneux de Genête communique par un mauvais fossé
avec le Thaurion. Signalons à Saint-Hilaire-le-Château
un tumulus de toute beauté, non encore fouillé, haut de
18 à 20 mètres, le beau château de La Chassagne et l'escalier tournant en pierres d'une maison bâtie au centre
du bourg sur l'emplacement de l'ancien château dont il
ne reste plus qu'un souvenir.

La Gasnes se forme dans la commune de Saint-Georges-la-Pouge par la réunion d'une série de petits cours
d'eau qui viennent de Sous-Parsat, de Saint-Sulpice-le-
Donzeil, de Fransèches, Saint-Sulpice-les-Champs`,
Saint-Avit-le-Pauvre et Saint-Michel-de-Vaisse (les quatre
dernières communes appartiennent surtout à la vallée
de la Creuse).

SAINT-GEORGES-LA-POUGE a un fort beau dolmen au
hameau de Ponsat. On voit encore dans cette commune
les ruines d'une tour désignée sous le nom de château de
Lavaud. Il ne reste plus rien du château fort des anciens
marquis de Saint-Georges. Le sol de la commune est
sillonné de collines qui se dirigent de l'E. à l'O. Les
étangs ont disparu, transformés en prairies. Les bois de
Marcillat et du Cartier n'ont qu'une étendue médiocre.
On exploite au hameau de Villesourde des pierres noires
fort belles.

Sous-PARSAT, que domine le Puy du Pont a le bois de
Marcille (24 hectares) et l'étang du même nom aujour-
d'hui converti en prairie. On trouve dans cette commune
la pierre dite *de l'œuf* et la chapelle des moines prieurs
de Marcille.

Rien à mentionner à SAINT-SULPICE-LE-DONZEIL.

La Gasnes est grossie plus loin de deux ruisseaux : l'un, à droite, passe à la CHAPELLE-SAINT-MARTIAL où se trouve un beau tumulus et où l'on rencontre à la Védrenne des débris importants de l'époque romaine; celui de gauche arrose LA POUGE qui n'a rien de remarquable.

A Vidaillat, le Thaurion reçoit un ruisseau qui vient de SAINT-PIERRE-LE-BOST, commune accidentée par le Puy des Ailes et le Puy Manibaud où l'on remarque les carrières du Compeix.

Le Thaurion continue à couler dans la direction de l'Ouest. Il passe sous un beau pont dans le bourg de PONTARION, chef-lieu de canton où l'on remarque le château du Liège qui date du xv⁰ siècle, aujourd'hui à demi ruiné, mais qui a ses murs crénelés et ses tours rondes.

Un peu plus loin, il arrose THAURON. Au hameau du Palais où l'on trouve de la houille était située autrefois une abbaye importante. Thauron compte parmi ses curiosités historiques des murs vitrifiés de 130 mètres de diamètre, ruines d'une forteresse de l'époque gallo-romaine, et, dans son cimetière, « le chapeau des Anglais, » colonne surmontée d'un cône tronqué supportant une masse rocheuse sculptée de façon à représenter des matières enflammées.

IX

Vallée du Thaurion (Suite). — Bourganeuf.

LE THAURION. — AFFLUENTS. — COMMUNES. — Entre Thauron et Pontarion, le Thaurion reçoit à droite la *Planche* formée des ruisseaux de *Ceilloux* et de *Masmangeas* qui traversent les étangs du même nom et forment l'étang de la Marque. La Planche reçoit aussi les eaux des ruisseaux de *Masrivet* (étang) et de *Villareix*.

Elle arrose la partie S. de SARDENT dont la partie N.
s'incline vers la Gartempe. Signalons dans cette commune les petits bois de Châtenet et du Chameau. Sardent
a l'ermitage de St-Pardoux (VIᵉ siècle) premier abbé de
Guéret et le château de grand Blessac. L'église de
Sardent a une riche collection de croix et de reliquaires
en cuivre datant du XIIᵉ et du XIVᵉ siècle.

Jusqu'à Bosmoreau, le Thaurion coule vers l'O.; de
Bosmoreau à Bourganeuf il court du N. au S. BOSMOREAU
qui envoie au Thaurion le ruisseau de *Bosmoreau* grossi
de celui de *Bouchaud* renferme d'importants gisements
de houille fort bien exploités (Bosmoreau et Lamaie).

Le Thaurion coule à 200 mètres au N. de Bourganeuf.
Là il se grossit sur sa rive gauche de la *Bouzogles* que
forment les ruisseaux de la *Mourne* et du *Verger* ou
Gane Molle. Ces trois affluents descendus des montagnes
de Faux-Mazuras, Morterolles, Soubrebost et Mansat se
réunissent au S.-O. de Bourganeuf où ils alimentent deux
papeteries importantes.

FAUX-MAZURAS arrosé par la Mourne grossie du ruisseau de *Beaugency*, présente les sommets du Puy de la
Roche (643 mètres), et du Puy du Piat (510). On y trouve
le bois Rozet (112 h.). Il y a une mine de houille près du
Thaurion. « La Roche Mazuras » est une curiosité pittoresque de la commune.

MORTEROLLES où se trouve le petit étang de Villatange
(2 h.) est arrosé par la Gane-Molle et les ruisseaux de
l'Etang Bourdeau et du *bois Larrou.*

SOUBREBOST, (alt. 727) n'a que de maigres ruisseaux
qui servent à l'irrigation des prairies. La commune est
située sur un plateau où l'on remarque le Puy des Neuf
gradins, la roche du même nom qu'on croit être un
monument mégalithique près du village de Martinèche,
les hauteurs de la Verne, du bois du Tort, du Devet et du
Chiroux qui s'élèvent à plus de 800 mètres. Le pays est
sauvage et très pittoresque. C'est au hameau de la Martinèche qu'est né M. Martin Nadaud, député de la Creuse
et questeur de la Chambre. L'église de Soubrebost a une
crypte curieuse où se trouve une tombe en granit du
XIIᵉ siècle.

Mansat n'a rien qui mérite d'appeler l'attention.

BOURGANEUF. — Bourganeuf (*Burgum novum*) s'élève sur une éminence dans un site qui ne manque pas de pittoresque, non loin de la rive gauche du Thaurion.

Bourganeuf fut autrefois le chef-lieu du grand prieuré d'Auvergne. La ville appartenait aux Templiers. Après l'abolition de cet ordre célèbre, le prieuré passa au commencement du xıv⁰ siècle aux mains des chevaliers de Rhodes. Le grand maître, Pierre d'Aubusson y installa pendant deux ans (1486-1488) le prince Zizim, frère de Bajazet II. Les chevaliers hospitaliers de l'ordre de Saint-Jean de Jérusalem acquirent cette commanderie en 1437 et agrandirent l'enceinte fortifiée, bâtie par les Templiers en 1118. Ce fut à l'abri de ces retranchements que se groupèrent les constructions qui constituèrent la commune de Bourguet-Neuf qui eut sa charte constitutive scellée par Jacques de Nilly, grand prieur d'Auvergne le 3 juin 1448 et confirmée en 1449 par Charles VII. La ville formait une paroisse dont le curé nommé anciennement par le grand prieur d'Auvergne portait le titre de *Pater* et dont l'église bâtie au vıı⁰ siècle et restaurée au xv⁰ était qualifiée en 1370 de *préceptorerie*.

L'élection de Bourganeuf dépendait de l'intendance de Limoges et se composait d'un premier président, d'un lieutenant, d'un assesseur et de cinq conseillers.

Bourganeuf fut fortement éprouvée lors des guerres de religion, mais c'est surtout aux xvıı⁰ et xvııı⁰ siècles qu'elle souffrit. Ses fabriques de tapisserie et de draperie tombèrent alors dans un état déplorable.

En 1592, la ville supporte un siège mémorable contre les religionnaires, puis elle est ravagée par une peste qui enlève la moitié des habitants.

La situation s'aggrave par le passage des gens de guerre. Il fallut de longues années avant que la sécurité remit un peu d'ordre dans cette triste situation.

Au N.-E. de Bourganeuf se trouve la montagne de la Perrière (591 mètres). A l'Ouest de la commune une chaîne de monticules situés près des villages de Lareijasse et de Bouzogles a une altitude variant de 519 mètres à 592 mètres.

L'étendue des bois est de 150 hectares morcelés sur le territoire de la commune.

Le climat de Bourganeuf est froid, humide. La ville est souvent exposée aux brouillards du Thaurion.

Les industries de la ville sont relativement assez nombreuses : on y trouve des manufactures de papier paille, de porcelaine et de chapeaux. L'industrie de l'ameublement et du bâtiment y est représentée, la teinturerie également. Ces industries étaient autrefois plus florissantes. Une des fabriques de porcelaine a disparu il y a quelques années : beaucoup d'ouvriers se sont alors expatriés et ont été s'établir à Sauviat, à St-Léonard ou à Limoges.

Parmi les vieux monuments on doit citer en première ligne la chapelle des Pénitents bleus, érigée sur les ruines de l'Église St-Jacques qui fut restaurée en 1191 par Petrus du Bourguet, de la famille des Bannerets de Soubrebost. Elle fut la première église paroissiale de la cité et exista à ce titre du x° au xiii° siècle.

L'église paroissiale actuelle est de style ogival. Elle a été commencée vers la fin du xii° siècle et achevée au milieu du xv°. Une chapelle moderne a été construite au milieu du xix° siècle et vouée à Notre dame du Puy.

Bourganeuf a une école primaire supérieure.

Il existe encore une tour dite « Tour de St-Jean de Lostié » grand prieur d'Auvergne en 1437 et une vieille tourelle des Templiers. A côté se dresse la grosse tour de Zizim qui fut construite en 1484 par Guy de Blanchefort « Commandeur de Morterols, sénéchal de Rhodes » neveu de Pierre d'Aubusson et son successeur dans le grand prieuré d'Auvergne.

On peut citer au nombre des curiosités pittoresques la gorge de Verger qui a inspiré à Madame Emile de Girardin de fort jolies strophes. La villa qu'elle y habitait touche aux rochers à pic qui dominent la colline.

X

Vallée du Thaurion (*Suite et fin*).

LE THAURION. — AFFLUENTS. — COMMUNES. —
A partir de Bourganeuf, le Thaurion s'incline fortement
vers le N.-O. dominé sur la gauche par le Puy de Cham-
bonnaud (515 m.) dans la commune de MÉRIGNAT. C'est
là qu'il reçoit le ruisseau de la *Gouge* qui vient de la
commune de Bosmoreau. La commune de Mérignat est
très boisée. On y trouve les Grands bois, les bois des
Grès, les Reclos, la forêt Ste-Anne et les bois de Mérignat (en tout 364 h.)

Le Thaurion reçoit sur sa rive droite la *Leyrenne* qui
vient de la commune de SAINT-ELOY où elle se grossit du
ruisseau de *Chezeau*. St-Eloy est bâti sur un terrain accidenté, bosselé par le Puy de la Gâne, les Grands rochers,
le Puy de l'Age et le Puy de Serres. Les bois recouvrent
une partie de ces collines. Les plus grands sont ceux
de Drouilles et Lavaudblanche. Les beaux tumuli de
Drouilles, les ruines d'un camp romain dit « Camp de
César », à Montpigeau, les restes des deux châteaux féodaux de Chezeau et de Lavaudblanche sont les curiosités
historiques de St-Eloy. Près du bois de Manonet, la
« Pierre Tantine », immense bloc de granit, résonne au
choc comme un bloc d'airain.

La Leyrenne dans la commune d'AZAT-CHATENET se
grossit des eaux de l'*étang de la Garnèche* et laisse sur
sa droite AUGÈRES où l'on trouve deux petits étangs sans
importance. Auzarès, comme Azat-Chatenet, n'a rien de
remarquable.

Sur sa gauche elle reçoit le ruisseau des *Petites Reines*
qui traverse la commune de JANAILLAT et s'y grossit des
eaux de l'*étang de Dognon*. Le pays est très accidenté et
couvert de bois (bois des Garennes, des Fées et de l'Hermite). Les hauteurs de Bellesauve et de Bonnefond sont
très froides. C'est au château de Souliers aujourd'hui
ruiné que naquit le poète Tristan l'Hermite (1601-1655).

La Leyrenne arrose ensuite Saint-Dizier, jolie commune où passe un autre affluent du Thaurion, le *Grand Rieux* qui coule parallèlement à elle. St-Dizier est une commune industrielle qui compte cinq moulins et plusieurs carderies. Le pays est bien cultivé, les haies bien boisées. On pêche à l'Écluse de Gagiraud près du village des Jarges de très-beaux saumons. L'église est du XIIIe siècle.

Le Thaurion coule ensuite vers le S.-O. Il arrose Chatelus-le-Marcheix, où il se grossit des ruisseaux de *Pontchal* et de l'*étang de Randonneix*. La montagne de Faye Froide y atteint 600 mètres. On trouve dans cette commune les beaux bois de Villemaumy, de Boissieux et la forêt de Chauverne. Signalons les restes du château de Châtelus et le château de Peyrusse situé sur la rive droite du Thaurion.

Le Thaurion arrose ensuite Saint-Pierre-de-Chérignat, commune peu importante où l'on remarque les étangs de Pourioux et du Mazet et l'immense forêt de Chérignat. On trouve des ruines gallo-romaines au hameau de la Salle. Là, il reçoit l'importante rivière de la *Vige* qui vient du N. de Royère, passe à St-Junien-la-Brégère et arrose St-Priest-Palus. La Vige se grossit de la *Braude* qui passe à Montboucher. Entre ces deux cours d'eau se trouve St-Amand-Jartoudeix, à leur confluent St-Martin-Ste-Catherine.

Saint-Junien-la-Brégère est une petite commune formée par la réunion de deux hameaux importants. Le sol est accidenté et trop souvent couvert de bruyères et d'ajoncs. Au hameau de la Grillère, l'ancien château féodal a été restauré.

Saint-Priest-Palus est également couvert de landes. On y trouve le grand bois de Soudanes. Le sol de cette petite commune encaissée au milieu des montagnes est arrosé par de nombreuses sources. Les marécages y sont fréquents.

Montboucher n'a rien de particulier.

Saint-Amand-Jartoudeix est situé sur un petit plateau où l'on remarque le Puy des Combes (594 m.), le Puy de St-Amand (571), le Puy Marquoux (546) et le

Puy Leguisoux (540). Mentionnons dans cette commune les bois de Nouhaud et de Colombeix (180 h.)

Saint-Martin-Sainte-Catherine est arrosée à la fois par la Braude, la Vige, et le Thaurion qui y reçoit le ruisseau de la *Bobilane*. On y remarque le mont Gratou, les plateaux du Theil et de Chatreix, l'étang de la Vallade et les bois du Breuil et de Bézènas. A signaler les fresques de l'église qui datent de la Renaissance.

Le Thaurion entre ensuite dans le département de la Hte-Vienne (alt. 236 m.) sur lequel la Vige coule un instant entre les communes de St-Priest-Palus et de St-Martin-Ste-Catherine.

XI

Vallée de la Gartempe. — Le Grand-Bourg.

MONTAGNES. — La vallée de la Gartempe est séparée de celle du Thaurion au S. par des hauteurs déjà décrites (ch. VIII), de celle de la Creuse à l'E. par la montagne de Peyrabout, le Puy Gaudy (651 m.), le Maupuy (686 m.) et au-delà de Guéret par la montagne des *Trois Cornes* (636 m.) qui domine St-Vaury. Des hauteurs assez peu précises la limitent au Nord. — La vallée de la Gartempe est aussi belle que celle du Cher, de la Creuse et du Thaurion.

LA GARTEMPE. — AFFLUENTS. — COMMUNES. —
La *Gartempe* prend sa source non loin de la montagne de Peyrabout, dans la commune de Lépinas, pays argileux et froid. Elle coule dans la direction du S. O. et arrose Maisonnisses où l'on remarque l'étang de la Genette et le bois du Thouraud. L'église date du xiiie siècle. Sa crypte est de la même époque. On remarque à droite de la nef une magnifique statue en pierre représentant un templier et sculptée au xiiie siècle. A men-

tionner le dolmen du Puy Timbaudon et la pierre fade
(pierre folle ou pierre fée) taillée en forme de fauteuil
entre le village des Châtres et celui de Chez-Peynoux.

Elle passe ensuite au Nord de la commune de Sardent
où elle arrose le hameau de la Ribière et où elle meut
un moulin. Elle y reçoit à gauche les petits ruisseaux
de *Colombourg* et des *Châtrelles*. Dans la commune de
Saint-Eloy elle se grossit du ruisseau des *Chevilles*. De
là elle se dirige vers le N.-O. et arrose SAINT-CHRISTOPHE.
Le sol de cette commune assez bien boisé est sillonné de
petites hauteurs et coupé de ravins et de gorges étroites.
Cette commune constituait avant 1793 la paroisse de
Saint-Christophe en Drouille.

A Saint-Christophe, la Gartempe reçoit un petit cours
d'eau qui vient de SAVENNES où l'on signale, au village de
Reillat, l'existence d'une nécropole gallo-romaine et où
l'on a trouvé des urnes renfermant des ossements.

La Gartempe traverse la commune de LA CHAPELLE-
TAILLEFERT. Le sol de cette commune est très accidenté.
Le principal sommet est le Puy de Chiroux qui fait suite
aux montagnes de la forêt de Guéret. Au point de vue
historique, La Chapelle-Taillefert a une certaine importance. Elle appartenait à une branche de la maison d'Angoulême, d'où était issu Pierre de La Chapelle-Taillefert
successivement prévôt d'Eymoutiers, professeur de droit
à Orléans, évêque de Carcassonne, puis de Toulouse. Il
fonda à La Chapelle une collégiale avec un doyen et 13
chanoines (ce chapitre fut transféré à Guéret en 1763) et
un hospice gratuit. La Chapelle fut le siège d'une châtellenie d'abord royale, puis seigneuriale par la cession
qu'en fit Louis XIV à La Feuillade en échange de la terre
de Saint-Cyr. L'ancien château a disparu.

La Gartempe arrose ensuite SAINT-VICTOR dont le
bourg est tout près, sur la droite. On n'y signale rien de
particulier.

Un peu plus loin elle reçoit le *Cher* qui se grossit de
la Tanche. Ces ruisseaux viennent des communes de
Saint-Léger-le-Guérétois et de La Brionne.

SAINT-LÉGER-LE-GUÉRÉTOIS que domine Maupuy à

Vallée de la Gartempe

HAUTE-VIENNE

l'Est possède les deux petits étangs de **Murat** et de la Barderie.

Le sol de LA BRIONNE assez accidenté, bien que les monticules de Fresneau, des Fayes et de Combleyrat n'aient guère d'importance, est peu boisé (15 hectares) et peu fertile. On y trouve quelques bonnes prairies.

La Gartempe laisse sur sa gauche la commune de MONTÉGUT-LE-BLANC qui envoie une partie de ses eaux à l'Ardour et la grossit directement du ruisseau d'*Agnat*. C'est là, sur une hauteur, que se dressent les ruines imposantes encore d'un grand château du XV⁰ siècle.

Elle arrose ST-SILVAIN-MONTAIGUT où elle servait jadis de limite entre les ressorts des parlements de Poitiers et de Bordeaux. Les petits ruisseaux de *Peurousseau* et de *Sous-Lafaye* s'y déversent là et le ruisseau du *Cher* (voir La Brionne) y a son confluent.

La Gartempe arrose ensuite la petite commune de GARTEMPE qu'elle traverse de l'E. à l'Ouest. On voit à Gartempe le château des vicomtes de Bridiers qui date du XVII⁰ siècle. Les machicoulis sont très bien conservés et d'une construction fort curieuse.

La Gartempe traverse la commune du GRAND-BOURG *de Salagnac* où elle forme quelques îlots minuscules et met en mouvement sept moulins. Elle s'y grossit de plusieurs ruisseaux. On y remarque plusieurs étangs dont le plus important, celui de la *Toueille* a 33 hectares. Le pays est assez bien boisé. La forêt du Masgelier a 95 hectares. Le Grand-Bourg est un chef-lieu de canton riche et fertile. L'agriculture y est prospère et on y fait un commerce assez considérable. Il y a près de Salagnac des sources d'eau ferrugineuse. Historiquement cette commune est connue depuis 761. Elle était alors beaucoup plus grande et renfermait les pays de Lizières et de Bénévent-l'Abbaye. A 2,300 mètres du Grand-Bourg se trouvent les ruines du sombre château féodal de Salagnac qui appartient au maréchal de Xaintrailles. Il était situé sur une butte sauvage surplombant de 40 mètres le cours de la Gartempe, près de collines mornes que dominent au loin les pays de Châtelard et de Savennes. L'église du Grand-Bourg est du XIII⁰ siècle. Elle est bâtie en granit.

Dans la même commune on remarque le château du Masgelier et celui de la Ribbe qui est un château moderne. Mentionnons en passant le tumulus de la Barde.

~~~~~~~~~~~~~~~~~

XII

Vallée de la Gartempe *(Suite et Fin)*. — St-Vaury. — Bénévent-l'Abbaye.

~~~~~~~

LA GARTEMPE. — AFFLUENTS. — COMMUNES. — C'est dans la commune du Grand-Bourg que la Gartempe reçoit les eaux du ruisseau de *l'étang de St-Vaury*, qui coule du Nord au S.-O. et traverse l'étang de Baleine où il reçoit un autre petit ruisseau descendu de la montagne des Trois Cornes.

St-Vaury est un chef-lieu de canton important. Avant la révolution de 1789, la communauté qui dépendait de la province du Limousin était des plus pauvres. Elle n'avait point de voies de communication ; le sol produisait peu, et elle était écrasée d'impôts. La révolution de 1789 en répartissant les charges d'une façon plus égale et les progrès de l'agriculture ont considérablement relevé St-Vaury. St-Vaury doit son origine au Saint du même nom qui s'y retira au VIII⁰ siècle. En 766, les moines de St-Martial-de-Limoges obtinrent *le pays de roi Pépin*. On remarque dans l'église de cette commune contre le mur du chevet un beau bas-relief du XV⁰ siècle composé de 9 panneaux de 3 mètres de longueur sur 1 mètre 50 de hauteur. Ils représentent la passion. Dans la sacristie on conserve un beau reliquaire en argent repoussé sur lequel est reproduit le martyre de Saint-Valéry.

Du Grand-Bourg à Saint-Etienne-de-Fursac, la Gartempe forme un arc de cercle dont la convexité est tournée vers le Nord. Elle reçoit sur sa droite de maigres ruisseaux qui arrosent la commune de St-Priest-la-Plaine. Le sol de cette commune est excessivement fertile, et les prairies y sont très belles. Une seule hauteur, le Puy de Geay, y est à mentionner. On y trouve quatre petits étangs sans importance. On y exploite une carrière de cailloux excellents pour le pavage des routes. Cette commune comprenait avant la révolution les trois seigneuries de Montimbert, de Saint-Priest et de Traspont ou de Saint-Hilaire. On y trouve des vestiges du château féodal de *Traspont ;* sur la droite se trouve la commune de Lizières.

A St-Etienne-de-Fursac, le sol est assez accidenté sans hautes montagnes cependant. Une foule de petits ruisseaux et les étangs des Vergnes et de Puygerbou maintiennent la fraîcheur et l'humidité dans les vallons. On y compte 280 hectares de futaies et surtout de bois taillis. On y voit une petite papeterie. Signalons dans cette commune des tombelles et quelques dolmens. On y a retrouvé de nombreux objets datant de l'époque gallo-romaine. L'église est du xve siècle. Il en est de même de l'église de Paulhac et de la petite chapelle gothique qui y est annexée. Cette dernière dépendait d'une ancienne commanderie, de l'ordre de St-Jean de Jérusalem. N'oublions pas de mentionner en passant les beaux sites pittoresques des « Côtes » et de « Sainte-Hélène ».

La Gartempe reçoit là le ruisseau du *Péroux.* La Seime qui se jette dans la Gartempe dans le département de la Haute-Vienne arrose la commune de St-Pierre-de-Fursac où l'on remarque les étangs de la Garenne et des Brousses et le bois de Chabannes. C'est la patrie du fameux Louis-Antoine de Chabannes, comte de Dammartin, lieutenant-général de Louis XI. Saint-Pierre-de-Fursac a une église ogivale dont la nef remonte au xe siècle, le chœur au xie et le porche au xviie. La chapelle des seigneurs de Chabannes est tout à fait de la Renaissance. Cette église a de beaux vitraux représentant la passion de Jésus-Christ et qui furent peints en Flandre au xve siècle. Signalons les ruines du château féodal de Chabannes et du manoir de Cros, et le beau dolmen de Chiroux qui nous rappelle que les druides avaient fait de cette contrée un de leurs sanctuaires les plus vénérés.

Le *Péroux* vient de la commune de BÉNÉVENT-L'AB-BAYE, chef-lieu de canton.

La commune s'étend entre l'Ardour et un étang que traverse la Gartempe. L'ancienne abbaye qui a donné naissance au bourg est aujourd'hui devenue l'École primaire. L'église, de l'époque romane, a deux clochers.

Il laisse sur sa droite CHAMBORAND qu'arrose le ruisseau de Pérou. Les hauteurs de Pilory et de Cimades, l'Étang du château et les bois de Matrange, tels sont les principaux accidents géographiques de cette commune. Il ne reste des anciennes fortifications du village qu'une haute tour carrée et çà et là des vestiges de murailles.

L'ARDOUR. — AFFLUENTS. — COMMUNES. — Dans la Haute-Vienne, la Gartempe reçoit un ruisseau important, *l'Ardour*. L'Ardour vient d'un grand étang situé dans la commune D'AULON où rien ne mérite d'appeler l'attention, passe près de l'importante station de *Vieilleville* où la ligne de Saint-Sulpice-Laurière à Guéret envoie un embranchement sur Bourganeuf, laisse sur sa gauche CEYROUX qui n'a rien de remarquable et à gauche arrose MOURIOUX. Mourioux a de beaux dolmens ou pierres fades et les tumuli des Groupes. À l'époque gallo-romaine on y exploitait des filons d'étain. De cette industrie il ne reste aujourd'hui que les traces des excavations.

Plus loin l'Ardour laisse à droite MARSAC. Elle fait mouvoir un moulin important. La commune est bâtie dans une jolie situation. On y trouve quatre petits étangs et 211 hectares de bois.

Plus loin encore l'Ardour reçoit le Ruisseau de l'*Étang de la Ronze* qui passe à Arrênes et vient de la commune de St-Goussaud. À St-GOUSSAUD on remarque le bois de Roche, les étangs du Fieux à l'O, et des Gabias au S. et les ruisseaux de *Rivailler* ou de *Tranche Cerf* et de *Maunara*. Signalons à St-Goussaud la « Lanterne des Morts », monument qui semble dater des Gaulois et des vestiges importants, gaulois et romains, sur le mont

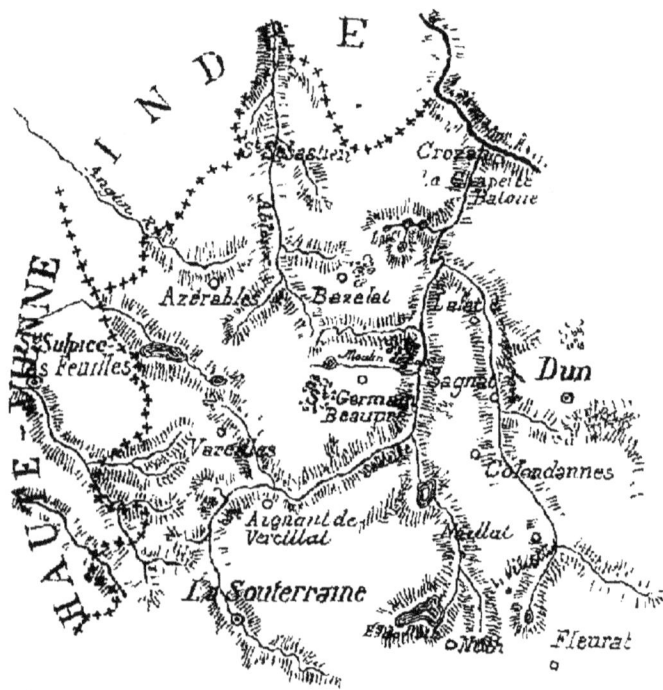

Vallée de la Sédelle

Juvis (697 mètres). La montagne de St-Goussaud la sépare D'ARRÈNES, pays sablonneux, parfois boisé où l'on trouve la trace de mines jadis exploitées à *Las Forgeas* (hameau de Puy faucher). Arrênes a une église du XV⁰ siècle, et, au milieu des bois, les « fosses de l'Abbaye. »

XIII

Vallée de la Sédelle. — Le N.-0. de la Creuse. — La Souterraine.

ASPECT GÉNÉRAL. — Nous sommes sur la limite N.-0. du département, sur un plateau peu élevé, assez peu accidenté, généralement riche et fertile, et traversé par la grande ligne de Paris à Toulouse et à Agen.

Les limites du département sont assez mal définies. La région est sillonnée de petits cours d'eau qui s'écoulent dans toutes les directions et que nous allons étudier les uns après les autres.

RUISSEAUX. — COMMUNES. — Nous trouvons d'abord la *Sème*, ruisseau déjà mentionné et la *Brand*, tous deux affluents de la Gartempe et qui arrosent ST-MAURICE. Le sol de cette commune présente les petits Puys de l'Age, de Chatenet et de l'Evêque, qui ne dépassent guère 70 mètres. On y trouve la forêt de Dessac. St-Maurice a quelques vestiges de l'époque gallo-romaine. La construction de l'église date du XIII⁰ siècle. Sur plusieurs points de cette commune on signale des restes de chapelles et de gentilhommières sans importance.

A l'E. de St-Maurice se place ST-PRIEST-LA-FEUILLE où l'on remarque un dolmen fort curieux dressé sur quatre grosses roches.

LA SÉDELLE. — LA SOUTERRAINE. — C'est à Saint-

Priest que la *Sédelle* prend sa source. La Sédelle (36 kil.)
est une rivière assez importante. Elle arrose d'abord *La
Souterraine*. Le sol de la commune accidenté par le Puy
de Galais est assez boisé et généralement fertile.

La Souterraine aurait d'abord été une villa dépendant
du Seigneur de Bridiers qui en fit don en 997 aux moines
de Saint-Martial. Le nom de La Souterraine lui viendrait
de la crypte de son église bâtie sur l'emplacement d'un
ancien temple païen. Après quelques désaccords entre
les moines et les Bourgeois, la ville recouvra sa tranquil-
lité. Au moyen âge La Souterraine était fortifiée. Des
vestiges de murs, des noms de rue, la Porte Hugues, le
Portail rappellent cette époque, ainsi que des fragments
de pierre qu'on aperçoit encore sur certaines maisons.

La Souterraine est une ville importante par son commerce et son industrie. (Sabots ; instruments agricoles).

C'est la patrie des jurisconsultes Joachim du Chalard,
Roland Betholaud et Barthélemy Auzanet.

L'église de La Souterraine a été bâtie de l'an 1014 ou
1019 à l'an 1220. Le style du portail et de la porte à la fois
ogival et roman rappelle assez l'architecture arabe. La
crypte renferme 4 chapelles et un caveau sépulcral.

La lanterne des morts a été transportée de l'ancien
cimetière dans le nouveau.

A 2 kilomètres à l'E. de La Souterraine, se trouvent
les ruines du château de Bridiers. Le Donjon (diamètre :
22 mètres) subsiste en entier. La construction semble
remonter au XIVᵉ siècle.

A 1500 mètres à l'E. de Bridiers se trouvent les ruines
de *Bret* qui correspondent peut-être à l'ancienne cité
gallo-romaine de *Prœtorium* brûlée par Pepin le Bref
dans sa lutte contre Gaïffer. Les vestiges de la ville sont
nombreux.

Entre Bret et Bridiers se trouvent deux énormes
tumuli, l'un de 184 mètres de circuit et de 16 mètres de
haut, l'autre large de 54 mètres. Ils datent d'une époque
fort reculée et sans doute ont été depuis fortifiés. On
découvre tous les jours dans ces lieux de curieux objets
antiques.

La Sédelle arrose ensuite St-Aignant-de-Versillat qui a une église romane du XIIIᵉ siècle et une Lanterne des morts du XIIᵉ, St-Léger-Bridereix où elle reçoit le ruisseau déversoir de *l'étang de Noth*. On trouve dans cette commune le beau dolmen de la Chadrolle et sur un côté de l'église une jolie chapelle du XVᵉ siècle. Noth n'a rien de particulier.

La Sédelle laisse à sa gauche Bazelat sur un sol peu accidenté où coule le ruisseau *d'Abloux* qui traverse l'étang de Lâge-pouret et se grossit de la *Corde*. Bazelat a les ruines d'un ancien château féodal assez important. Au S.-O. se trouvent un certain nombre de tumuli distants de 80 à 100 mètres les uns des autres. L'église est romane.

St-Germain-Beaupré, également à gauche de La Sédelle, est arrosé par le ruisseau du *Moulin-du-Bois*. On y trouve un beau château flanqué de cinq tours dont l'une est détruite. Henri IV y coucha. La Grande Demoiselle y fut exilée. Elle se plaisait à jeter du pain aux carpes qui abondent dans l'étang de ce château.

La Sédelle se réunit à La Brézentine dans la commune de Lafat (voir plus loin).

AUTRES COMMUNES. — A l'Ouest et au Nord de la vallée de la Sédelle se trouvent les trois communes de Vareilles, d'Azerables et de Saint-Sébastien.

Vareilles est arrosé par les deux sources de *La Benaise* qui passe hors du département à St-Sulpice-les-Feuilles. On y trouve un bel étang et une église du XVᵉ siècle.

Azerables aux sources de l'*Anglin* qui forme là de petites mares est peu boisé. On y remarque les tumuli d'Azerables (circuit 132 mètres) du Theil, de la Mazure, le dolmen de la croix de Genest et le château ruiné de Montjoin. L'église est du XIIIᵉ siècle.

St-Sébastien sur l'Abloux qui vient de la commune de Bazelat est situé sur un terrain assez plat. Rien d'intéressant à y signaler sauf le château des seigneurs de Fauveau. Au hameau d'Aubignac était une abbaye importante dont les moines se dispersèrent lors de la révolution. L'église, du XIIᵉ siècle, tombe de vétusté.

XIV

Vallée de la Creuse. — Felletin. — Vallée de la Roseille.

~~~~~~~~

Nous connaissons assez déjà la ceinture de la Creuse pour qu'il soit inutile d'y revenir. Nous signalerons dans chaque commune les accidents de terrain les plus importants.

VALLÉE DE LA CREUSE. — AFFLUENTS. — COMMUNES. — La Creuse (250 kil. dont 121 dans le département) prend sa source dans la commune de FÉNIERS à 150 mètres au S.-E. du village, au pied du Puy de Crabanat. Féniers a sa chapelle de la Commanderie. Elle arrose ensuite GIOUX dont l'église date du XIIIᵉ siècle. Dans cette commune on trouve les vestiges du château des Angles (hameau de Paulin), de celui de Cubeyne (Trois-Fonts), du château féodal de Ronteix. Près du château des Angles, une source fraîche porte le nom de « Source-des-Fées. » Après avoir arrosé Gioux. la Creuse reçoit le *Chaudron* et le *Cubeyneix*, le ruisseau de PIGEROLLES au pont des Farges (8 k.) La Creuse porte ici le nom de la *Giounne.*

A CROZE où l'on signale le château de Maslaurent au milieu de hauteurs dénudées, la Creuse reçoit une autre Creuse (10 k.) qui naît dans la commune du Mas-d'Artige et arrose CLAIRAVAUX dont les sommets sont depuis 1860 et 1864 plantés presque partout d'arbres résineux.

La Creuse reçoit à droite le ruisseau de *Poussanger* (11 k.) qui passe à St-Frion, au N.-E. duquel coule la Rozeille. St-Frion est couvert de taillis. On y remarque une chapelle de templiers (St-Antoine).

A gauche la Creuse reçoit le *Gourbillon* (14 k.) qui arrose St-Quentin que domine le Puy de la Chabanne. On y remarque les deux petits étangs de Bordesoulle et de

Villemouteix. L'église date du xiii° siècle et renferme de beaux vitraux, des arêtes de style ogival et deux tableaux sur bois (Le martyre de St-Quentin et la lapidation d'un Franciscain). Près du hameau des Bordes se trouve un menhir de 4 mètres de haut.

La Creuse arrose ensuite Felletin. Sur le territoire de la commune où la rivière dessine une vallée étroite et pittoresque se trouvent le petit étang et le bois d'Arfeuille. Près de Felletin est une petite source d'eau ferrugineuse appelée « Fontaine-medecine ». Felletin est une des villes les plus anciennes du département. Primitivement bâtie sur la montagne de Beaumont et arrosée par le ruisselet du *Tin*, la ville était fortifiée par une muraille et des tours crénelées qui communiquaient entre elles par des souterrains. Quatre portes reliaient la forteresse à ses faubourgs. C'est là que s'élevait le château de « Grandes tours », propriété des comtes de la Marche.

Felletin eût à souffrir de l'invasion barbare en 406, de la peste ou mal des ardents en 995, de deux incendies (1128 et 1248), des routiers anglais (1191), de la famine (1431-1133-1599-1630) et des guerres de religion (1580).

Felletin qui reçut en 1300 ses franchises communales fut de tout temps, jusqu'en 1761, administrée par des consuls librement élus chaque année à la St-Michel. Elle avait un tribunal de commerce depuis 1567. Charles IX l'y avait institué « attendu que la dicte ville est des plus marchandes de notre dict pays de la Marche. » La ville était en effet admirablement située pour être un grand entrepôt commercial à mi-chemin de Clermont et de Limoges. Mais ce qui fit surtout sa fortune ce fut la fabrication des tapis. Felletin fut une des villes qui saluèrent avec le plus d'enthousiasme l'avènement de la Révolution.

Parmi les curiosités, nous citerons l'église du Moutier terminée en 1454 dont le portail septentrional et le clocher sont du style ogival flamboyant le plus pur, l'église du château bâtie en 1553 avec une voûte hardie et les monuments gaulois dits « la Lanterne des Morts » (7 m.) et «la Cabane de César ». Certaines vieilles maisons ont des croisées curieusement sculptées.

VALLÉE DE LA ROSEILLE. — AFFLUENTS. — COM-
MUNES. — La Roseille (30 k.) est une jolie rivière qui
vient du N. de la commune de Malleret. Elle arrose
d'abord BEISSAT dans une région pittoresque. On y
remarque l'étang de Candalogne près du village de Measnes, les bois du Frisaret, de la Chabanne, de Lair et de
Sarcenoux, les Puys de Deux-Sous, du Vergnaud, de
l'Aussine et du Mas. A signaler les curiosités pittoresques
dites « les Roches de Murat » et celles de Foulnouse.

La Roseille qui reçoit sur la droite les ruisseaux de
Beissat et de la *Gratte* passe ensuite à MAGNAT où elle
traverse une grande forêt en partie ruinée. Elle arrose
là de grasses prairies. Dans cette commune on cultive
avec succès d'excellents choux. Le plateau de Larboureix
domine la commune. Dans la forêt de Magnat on remarque les deux petits étangs dits Etang vieux et Etang
jeune.

Magnat est la patrie d'Ister de Magnat, du cardinal
Americ de Magnat (1385) de Guillaume de l'Etrange,
archevêque de Rouen (1375) d'Elie de l'Etrange évêque
de Saintes (1417) d'Hugues de Magnat (1401) et du baron
de l'Etrange, l'ami de Coligny. A Magnat on remarque le
château des seigneurs de l'Etrange rebâti au XVIIe siècle,
le château de Bost construit en 1379 et aujourd'hui restauré, les vestiges du château de Montvert et l'église qui
date du XIIe siècle.

Dans la commune de SAINT-GEORGES-NIGREMONT, la
Roseille reçoit à gauche le ruisseau de *Grancher*. Le sol
de cette commune assez boisé (154 h.) est dominé par
les Puys peu importants de St-Georges, du Mureau et
de Beaubier. Sur la hauteur du Mureau, on trouve les
vestiges d'une enceinte circulaire. Des débris indiquent
un camp gaulois, puis romain. Au lieu dit le Chancet la
tradition rapporte qu'il y aurait eu une bataille entre les
Gaulois et les Romains.

SAINT-MAURICE, à droite, est arrosé par le ruisseau des
Vergnes (ruisseaux du *Commandeur* et de *La Villette*)
qui se grossit du ruisseau du *Maunat*. On y remarque les
puys Larode et Sénimont. A signaler un beau dolmen
près des ruines du château des Vergnes.

La Roseille passe ensuite à SAINTE-FEYRE-LA-MONTA-

GNE, coule près de Néoux où elle reçoit le petit ruisseau de *Néoux*, et de Saint-Pardoux-le-Neuf que dominent les Puys Dumazeau, de Courbeix et de Lachamp et qu'arrosent les ruisseaux de la *Gane* et de *l'étang Roux*. Les bois du Crouzat et des Vergnes n'ont qu'une faible étendue. Toutes ces communes n'ont rien de bien remarquable, sauf pourtant Néoux qui est un joli village et qui fut au moyen âge une jolie ville, ayant son château féodal et de vieux tombeaux où l'on a découvert des urnes lacrymatoires de l'empereur Adrien.

Moutier-Rozeille, sur le ruisseau d'*Arfeuilles-le-Long* fut fondé en 518 par Jocondus de Limoges. C'est une jolie commune à mi-chemin de Felletin et d'Aubusson. On y trouve les bois de Nalèche, du Forest, de Moutier-Rozeille et de Confolent (195 h.) Les chapiteaux de l'église qui contient trois absides romaines sont curieusement sculptés.

XV

Vallée de la Creuse (*suite*). — Aubusson. — Saint-Sulpice-les-Champs.

LA CREUSE. — AUBUSSON. — En quittant Felletin, la Creuse traverse une partie du territoire de Moutier-Rozeille et atteint Aubusson où elle reçoit la *Bauze*, qui arrose la commune de Saint-Marc-a-Frongier où l'on ne remarque rien d'intéressant.

Aubusson qu'outre la Bauze et la Creuse, arrosent les ruisseaux de *Lionardet* et de la *Gasne* se développe au pied d'une haute colline, le long des rives de la Creuse. Peu de villes ont aussi bien conservé le cachet de leur ancienneté. Le long de ses rues étroites il n'est pas rare de remarquer des maisons du XVe, XVIe et surtout XVIIe siècle.

Aubusson doit toute son importance géographique à sa situation économique. C'est là surtout que se fabriquent ces belles tapisseries qui sont dans toute l'Europe une des gloires de l'Industrie française.

La ville aujourd'hui chef-lieu d'arrondissement devrait son origine à des sarrasins échappés au désastre de Poitiers et à son vieux château de l'époque romaine, « le chapitre », démoli en 1336 par ordre de Richelieu.

Aubusson est la patrie du jurisconsulte Pardoux Duprat, du peintre Paul Barraband, du général Espagne, de Jules Sandeau et d'Alfred Assolant.

La Creuse laisse à l'O. BLESSAC commune assez boisée où l'on trouve des dolmens, les vestiges d'un château seigneurial et d'une église du xvie siècle au village de Laborne (commune avant 1840), et à l'E. sur un plateau dénudé qu'arrose l'étang de La Chaumette (9 hectares) St-ALPINIEN dont l'église date du xiie siècle.

À l'E. encore elle reçoit le petit ruisseau des étangs du *Fot* et des *Liéras* qui arrose la commune de SAINT-AMAND dont le sol est assez boisé (château du Fot), et le ruisseau de St-MAIXANT. Une partie du territoire de cette commune s'incline par les ruisseaux de la *Fayole* et du *Mazeau* vers la Voueize. On y remarque quelques bois taillis et le petit étang de Prades. Sont nés dans cette commune Jean de la Roche Aymon de St-Maixant et son fils Annet, tous deux sénéchaux de la haute et basse Marche au xviie siècle, Geoffroy de St-Maixant (xviiie siècle) et Philibert de la Roche Aymon de St-Maixant, surnommé le grand Diable, célèbre par ses crimes et sa lutte contre Richelieu. On remarque à St-Maixant les dolmens du bois de la Faye et le château de St-Maixant qui date du xve siècle.

La Creuse arrose ensuite ALLEYRAT où elle se grossit de petits ruisseaux rapides et abondants. Des « côtes » abruptes la bordent sur ses deux rives comme celle de la Garenne ou de chez-Pradeau. La seule hauteur qui mérite d'être signalée dans la commune est le Puy de Cubeyrat (740 mètres). Il y a 250 hectares de bois taillis.

La Creuse se grossit ensuite dans la commune de la ROCHETTE des ruisseaux du *Voutoiry* et du *Perpirolle*.

Point d'étangs dans cette commune ; vers Courcelles les bois de Tranloup. La Rochette a les vestiges du château de la Rochette que la Creuse entourait de trois côtés, de celui de Courcelles ancienne propriété des bénédictins et son château de Praredou encore habité aujourd'hui.

Au-dessus de la Rochette la Creuse reçoit un long ruisseau, le ruisseau de *Luche* qui vient de la commune de St-Michel-de-Veisse. Le sol assez tourmenté de cette commune (Puy de Courcelles 680 mètres) Puy de La Fourchas (650) le Champ, les monts Alleux) est très boisé (Bois de Veisse). On y trouve entre St-Michel la Villatte, les Conches et Chasselines, un bassin houiller où la sonde à révélé la présence d'un excellent charbon. Le ruisseau de *Luche* coule à droite de St-Avit-le-Pauvre et de Saint-Sulpice-les-Champs. Au hameau de la Chapelle (Saint-Michel-de-Veisse) se trouve une église du Moyen-Age remarquable par les belles peintures de son vitrail.

St-Avit-le-Pauvre n'a rien d'intéressant, mais Saint-Sulpice-les-Champs est un chef-lieu de canton assez agréable. Quelques mamelons près des villages d'Hays et de la Fayte dominent ce plateau dont l'altitude moyenne est de 600 mètres. Les ruisseaux du *Chasselin* et de *La Fayte* l'arrosent. Le petit étang du bourg a des eaux boueuses peu agréables. Une partie des eaux de la commune s'écoulent vers le Thaurion. A 3 kilomètres de St-Sulpice-les-Champs, au village d'Hays on trouve les traces d'une forteresse romaine bâtie sans doute sur l'emplacement d'une citadelle gauloise.

Ars sur la Luche n'a rien de remarquable. Les étangs de la Borne y sont de peu d'étendue. Signalons à Ars les vestiges du donjon du sire de Châteauvert qui dominait la région et l'église qui est des xive et xve siècles.

XVI

Vallée de la Creuse (*Suite*). — Ahun.

ASPECT GÉNÉRAL. — Nous voici dans la région de
la houille, dans une partie de la vallée de la Creuse relativement peu accidentée, mal boisée, souvent fertile.
Point de ces talus énormes, comme nous en avons vu,
pour limiter sa vallée. Ce n'est que près de Sainte-Feyre,
à deux pas de Guéret, que les hauts sommets recommen-
cent.

LA CREUSE. — AFFLUENTS. — COMMUNES. — La
Creuse après son confluent avec la Luche reçoit à droite
les ruisseaux de *Villevieille* et de *Savignat* qui arrosent
les communes de Saint-Médard et d'Issoudun.

SAINT-MÉDARD où l'on trouve les étangs de Perpirolles
du Saillant et de Murat est bâti sur une élévation qui
domine le bassin houiller de Lavaveix. On y signale deux
tuileries et deux fours à chaux. Le puits houiller de
Courbariaux sur la voie ferrée n'est plus exploité. L'église
de Saint-Médard est du XIᵉ siècle. Dans quelques maisons
on trouve des restes d'inscriptions romaines.

ISSOUDUN a les étangs des Moines (14 h.) et de Samondeix (6 h.). Le sol de la commune est assez boisé. Signalons à Issoudun près du hameau de la Petite-Maisonneuve
un beau monument druidique et un temple romain jadis
dédié à Isis dont il reste encore les bases des colonnes.
Les vestiges du château féodal ont disparu.

La Creuse arrose ensuite SAINT-MARTIAL-LE-MONT où,
à partir du Pont, elle est dominée par des hauteurs à
pic de 30 à 70 mètres. Elle reçoit à gauche les deux
petits ruisseaux de la *Gorse* et des *Chazades*, à droite le
ruisseau de *Savignat*. Le sol assez peu boisé est accidenté
par une ligne de hauteurs qui passent derrière les hameaux de Courblande et de Chantaud. Les houillères de
Saint-Martial font partie du groupe de Lavaveix. A men-

Vallées de la Creuze, de la Rozeille
et de la
Petite Creuse

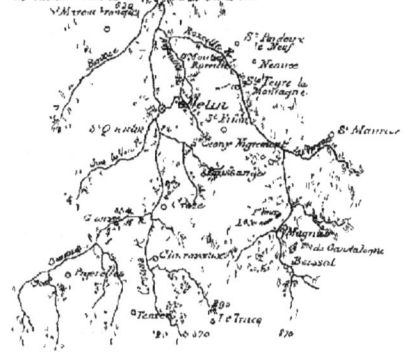

tionner le' puits de Fourneaux. Saint-Martial-le-Mont a conservé les vestiges de beaucoup de monuments datant de l'époque gallo-romaine, souterrain voûté, colonne, issue d'aqueduc, puits funéraires. On y garde le souvenir d'un long procès entre les habitants du village de Chantaud et les moines du Moutier-d'Ahun.

Le ruisseau de *Fransèches* affluent de la Creuse arrose la commune de FRANSÈCHES. Le sol qui atteint l'altitude de 622 mètres vers les Essards est assez boisé (Bois de La Feyte ou d'Armond, des Essards, de Parret et de Marlat).

CHAMBORAND, jadis sous la domination d'une commanderie de Malte, est arrosé par le petit ruisseau de l'Etang du Puy (17 hect.). L'église de Chamborand est un reste de l'église de l'ancienne commanderie de Malte. On y voit des vitraux du XIVe siècle.

La Creuse s'incline légèrement vers le N.-O. laissant sur sa droite les communes de Saint-Pardoux-les-Cards et de Lavaveix-les-Mines.

Le sol de SAINT-PARDOUX où les bois sont clair-semés est arrosé par de tout petits ruisseaux qui font de riants vallons. On trouve dans cette commune de la houille au puits Sainte-Marie profond de 372 mètres. A Momat on exploitait il y a une cinquantaine d'années des gisements de plomb argentifère. Saint-Pardoux-les-Cards a un dolmen gaulois au milieu des landes de Bertignat et le vieux château de Villemonteix dont la construction remonte au XVe siècle.

LAVAVEIX-LES-MINES n'est commune que depuis 1868 et son origine remonte à la date de l'exploitation de la houille (1855). Aujourd'hui elle compte 3,423 habitants après en avoir compté 6,000 à un moment donné. La ville est située dans une vallée limitée par deux chaines de hauteurs, l'une de l'E. au N., l'autre du S. à l'O. Point d'étangs, peu ou point de bois dans cette commune. L'extraction de la houille est d'à peu près 180,000 tonnes.

La Creuse nous amène au MOUTIER-D'AHUN où elle reçoit le ruisseau du *Bois*. Cette localité doit son origine au couvent que les religieux bénédictins fondèrent au Xe siècle. On trouve dans la commune des gisements de charbon non exploités. Au Moutier-d'Ahun deux choses attirent et retiennent l'attention : l'église et le pont. L'église date du xiii° siècle, il en reste l'abside, le clocher, le chœur, une partie des deux premières chapelles, et surtout l'admirable portail d'entrée. Les boiseries du chœur datent du xvii° siècle. Le pont date probablement du xi° siècle.

A quelque distance du Moutier est AHUN chef-lieu de canton important et qui fut jadis une ville florissante, frappant des monnaies et des médailles au temps des premiers rois. Son manoir féodal, le château Rocher a disparu. L'église est romane et date du xii° siècle.

A partir du Moutier-d'Ahun, la Creuse reçoit tant sur sa droite que sur sa gauche un grand npmbre de ruisseaux qui forment autant de petits vallons généralement fertiles. Elle passe sous le magnifique viaduc de *Busseau-d'Ahun* qui la domine de 56 mètres sur une longueur de 300.

CRESSAT, à droite, est sur la ligne de partage des eaux de la Voueize, de la petite Creuse et de la Creuse. Les ruisseaux les plus abondants s'en vont à la Creuse. Les deux petits étangs de l'Epy et de Montbarteix méritent d'être signalés, ainsi que les bois du Monteil. Cressat a sur sa place publique un dolmen aujourd'hui surmonté d'une croix, son église paroissiale qui date du xiii° siècle et le château du Cornet.

MAZEIRAT près de la Creuse est située sur l'emplacement de l'ancienne ville gauloise de Villevaleix. Elle est arrosée par les ruisseaux de *Lardiller*, de *Brédier* et des *Gouttes* (affluent du ruisseau de Brédier). La seule hauteur qui mérite d'être signalée est celle du cher Gaillard. Mentionnons les bois de Laschaud et de Chergros. Outre les ruines de son beau château féodal du Mas-de-Ceyroux Mazeirat garde de nombreux vestiges de la vieille cité gauloise de Villevaleix. Armes, monnaies, ruines, tout prouve l'importance que devait avoir cette cité.

Les ruisseaux de *Mazeirat* viennent de l'O. du territoire des communes de Saint-Yrieix-les-Bois, de Peyrabout et de Saint-Hilaire-la-Plaine.

SAINT-YRIEIX-LES-BOIS dont le sol accidenté est planté

de hêtres et de chênes a de frais vallons riches en prairies et en arbres fruitiers.

PEYRABOUT où la Gartempe naît au S. a les montagnes de La Croix, de la Garde et de Frauleix.

Rien à signaler sur SAINT-HILAIRE-LA-PLAINE.

VIGEVILLE, à droite de la Creuse n'a rien de remarquable.

LA SAUNIÈRE, à gauche, a l'étang du Théret près du château féodal du même nom (XIVe siècle). Les fossés existent encore et sont pleins d'eau. Le pont levis a disparu. La petite église paroissiale est de l'époque romane.

SAINTE-FEYRE où s'élève le Puy-de-Gaudy près de Guéret a l'étang de Cherpont près du village de Neuville et une belle forêt qui prolonge la forêt communale de Guéret. On y trouve le château de Sainte-Feyre au bourg et le donjon de Las Peyras au pied du Puy-de-Gaudy, ancienne propriété des comtes de la Marche. Sur le Puy-de-Gaudy on peut voir les murs vitrifiés d'une forteresse ou ville gallo-romaine de 1582 mètres de circuit. Cette forteresse avait remplacé une ville gauloise ; elle fut elle-même remplacée par une ville, Ribandelle, détruite vers l'an 731, et dont les habitants vinrent sans doute peupler Guéret. De nombreux objets antiques, des tombeaux, découverts sur cette montagne ont été déposés au Musée de Guéret.

Un peu plus loin nous trouvons PIONNAT « le Puy Noir », à droite de la Creuse. La commune a les ruisseaux d'*Aisne*, du *Breuil*, de *Bantardeix*, de *Sagnevielle* et de *Villechaud* et six petits étangs qui n'ont ensemble que 14 hectares. Les bois-taillis couvrent 240 hectares de terrain. C'est la patrie de Roger-le-Fort archevêque de Bourges et de l'architecte Villedeau. Il a deux dolmens à Menardeix dits « les Pierres de la fade », et les ruines d'une cité gauloise dans la forêt de Châteauvieux. L'époque gallo-romaine y a laissé des traces. L'église paroissiale date du XIIIe siècle. L'ancien couvent des Ternes, démoli en 1810, date du XIVe siècle.

AJAIN est une jolie commune également sur la droite. L'église est du XIIIe siècle. Le petit séminaire d'Ajain est important.

SAINT-LAURENT, à gauche, est arrosé par le ruisseau de *Bordessoulle* et touche à l'étang de Cherpont. On y trouve les bois du Cros près desquels s'élève dans une situation très pittoresque le petit château féodal du même nom.

~~~~~~~~~~~~

XVII

Vallée de la Creuse (*suite*). — Guéret.

~~~~~~~~~~~~

LA CREUSE. — GUÉRET. — Le chef-lieu du département de la Creuse est Guéret.

On fait remonter son origine au monastère de *Waractum* ou *Garactum*, fondé vers l'an 700 par Pardulphe ou Saint-Pardoux. De là le surnom de Bourg-au-moines qu'elle a longtemps conservé.

Mais on essaierait en vain de reconstituer son histoire. C'est à peine si son nom est mentionné de loin en loin dans les annales de la Marche, dont elle était pourtant une des capitales. On sait par exemple que Jacques de Bourbon lui accorda des lettres d'affranchissement le 14 juillet 1406 ; que Charles VII y séjourna quelque temps pendant la Praguerie et que c'est même de là qu'il envoya le 2 mai 1440 une déclaration au Dauphiné pour retenir cette province dans l'obéissance ; que Louis XIII y établit en janvier 1635 un siège présidial ; qu'enfin, avant 1789, elle possédait en outre une sénéchaussée, une justice royale, une maréchaussée et qu'elle était chef-lieu d'élection. Si l'on excepte ces quelques faits, l'histoire est absolument muette sur son compte.

Quoi qu'il en soit, Guéret est une jolie petite ville de 7000 habitants, bâtie en ampithéâtre au pied de Malleret et de Grancher, à cinq kilomètres environ de la Creuse et à sept kilomètres de la Gartempe Il reste à peine quelques rares vestiges de l'ancienne cité. A sa place et sur ses ruines s'est élevée peu à peu la ville actuelle, dont l'importance tend à augmenter tous les jours.

Ses édifices les plus remarquables sont — parmi les anciens : l'Eglise paroissiale, en voie de reconstruction, dont le porche et la tour datent du xiie siècle ; la maison dite des comtes de la Marche, monument très massif et très lourd, qu'on fait remonter au xve et au xvie siècle ; l'Hôtel de Ville, dont l'intérieur rappelle la maison de Jacques Cœur à Bourges ; — parmi les plus récents : l'Hôtel de la Préfecture, le Palais de Justice, la Prison, l'Hôpital, le dépôt de Remonte, la caserne d'Infanterie, le Lycée de garçons, le Lycée de filles, les Ecoles Normales de garçons et de filles et les Ecoles Communales.

On y trouve en outre des lieux de promenade très agréables, notamment la place Bonnyaud avec ses tilleuls séculaires, l'Avenue de la République, les routes de Paris, de Moulins, de Limoges, de la Souterraine.

La ville est arrosée par le ruisseau des Chers et celui de Courtille. De plus, des eaux de sources captées sur les hauteurs voisines alimentent toute l'année de nombreuses fontaines dont l'une, qui vient d'être reconstruite, est un des ornements de la place Bonnyaud.

L'industrie Guérétoise est peu considérable. Elle n'est guère représentée que par une bijouterie, une tannerie, une carderie, plusieurs scieries et quelques fabriques de sabots.

Le commerce y consiste particulièrement en bestiaux et en laine. Le beurre et les fruits, surtout ceux de Ste-Feyre, y sont très estimés.

Mais ce qui donne à la ville de Guéret une importance exceptionnelle, ce sont sans contredit les maisons d'instruction et d'éducation que la municipalité, le département et l'Etat y entretiennent avec une générosité toute particulière. On y trouve l'enseignement sous toutes les formes et à tous les degrés. La population enfantine se rend en masse dans les écoles communales. Les écoles normales, installées avec un véritable luxe, forment une pépinière d'instituteurs et d'institutrices qui vont chaque année porter un esprit nouveau jusque dans les hameaux les plus reculés du département. Le Lycée de garçons,

dès 1880, année de son inauguration, « étouffait dans
son berceau ». Le Lycée de filles, qui date à peine d'hier,
obtient lui-même un succès inespéré. Le Musée attire
les connaisseurs et les étrangers par le nombre et la
rareté de ses collections. La Bibliothèque populaire,
fondée récemment, est déjà très riche et très fréquentée.
En un mot, la ville de Guéret est devenue un centre
intellectuel de premier ordre, où afflue la jeunesse, non
seulement de la Creuse, mais encore des départements
limitrophes. C'est la principale, pour ne pas dire l'unique
source de sa prospérité. C'est son plus beau titre à la
reconnaissance du pays et de la République.

VALLÉE DE LA CREUSE. — AFFLUENTS. — COM-
MUNES. — Le ruisseau de *Courtilles* prend, en entrant
dans la commune de St-Sulpice-le-Guérétois le nom de
ruisseau de la *Nautes*. Il fait mouvoir le moulin de la
Glane dans la commune de St-Fiel. Il se termine en face
de Glénic. Il reçoit les ruisseaux *des Moulins, de Magerot*
et de *Claverolles*.

Saint-Sulpice-le-Guérétois a un sol fertile mais
accidenté où l'on trouve le Maupuy, le pic de Mazaudoueix et la montagne de Chardeix. On y signale les
petits bois du Mouchetard et de Montlevade. Cette commune date de fort loin si l'on en juge par les haches en
pierre polie qu'on y a trouvées, par ses souterrains
refuges, ses tombeaux anciens et ses ruines de villas
gallo-romaines. L'ordre de Malte y eut une commanderie
au village de Montbert et les religieux de Fontevrault
une succursale à Banassat (xiiie siècle). La porte de
l'église date du xiie siècle. Une croix actuelle au cimetière
date du xiiie.

Saint-Fiel arrosé par la *Glane* qui y fait mouvoir
trois moulins à farine et une carderie, a 5 petits étangs
(12 hectares) et 20 hectares de bois. Son sol est profondément raviné en certains endroits. On y trouve les ruines d'un château féodal au hameau de la Villetelle et les
vestiges du château de Pauzadour. A St-Fiel est un
château renaissance.

Glénic est bâti sur la rive droite de la Creuse sur une
colline de 358 mètres d'altitude. Le sol est arrosé par les

ruisseaux du Mazeau et de la Mauque, les étangs de la
Mauque et de Villelot. Il y a 65 hectares de bois. La
Creuse y coule au milieu de collines pittoresques et d'es-
carpements à pic. On y trouve des traces de voies gallo-
romaines. L'ancien pont a été bâti à cette époque. La
retraite souterraine de Villelot et celle de Vaumoins sont
de l'époque gauloise. Tombeaux et urnes de l'époque
gallo-romaine.

Au N. de Glénic est JOUILLAT. Les monticules de Peux-
Razet, Peux-Jabot, le ruisseau et l'étang de Boisfranc, tels
sont les accidents géographiques de cette commune dont
l'église date du XIIᵉ siècle et qui a les trois châteaux forts
de Boisfranc, de Bretouilly (avec 2 lions en pierre) et de
Jouillat. Il y a des traces de souterrains près des villages
de Villecoulon et de Villevaleix.

XVIII

Vallée de la Creuse (*Suite et fin*). — Dun.

ASPECT GÉNÉRAL. — L'ensemble ne diffère guère
de la région précédente. La vallée de la Creuse très
étroite et très pittoresque s'ouvre, à droite comme à
gauche, par une série de gorges et de petits vallons où
coulent de nombreux ruisseaux. Ceux de la rive droite
viennent du plateau boisé et assez peu accidenté qui
s'étend entre la grande et la petite Creuse. Ceux de gauche plus longs et plus abondants descendent du Puy des
Trois Cornes (636 m.) et des mamelons qui le prolongent
au N.-O.

LA CREUSE. — AFFLUENTS. — COMMUNES. —
Après Glénic, la Creuse continue à couler vers le N.-N.-O.
Elle passe entre Anzème et Champsanglard.

CHAMPSANGLARD n'a rien d'intéressant.

5

Anzême qu'arrosent les ruisseaux de *Linard* et du *Vignaud*, ceux de *Courthille* (Etang du Theil) et de *Fornouë* (Etang de Fornouë) grossi du ruisseau de *Ventenat* a 20 hectares de bois-taillis. C'est un joli village bâti à 350 mètres d'altitude sur un promontoire de granit qui domine la Creuse. On admire sa promenade plantée de tilleuls et son pont ogival d'une seule arche, très hardi, auquel on a donné l'inévitable nom de Pont du Diable. On y voit encore un prieuré du XIVᵉ siècle et une église dont les colonnes sont admirablement sculptées. Près du village se trouvent les ruines féodales de *Château Clos.* Joseph Couturier de Fornouë est né dans cette commune.

Le Bourg-d'Hem, à droite de la Creuse qui reçoit là le petit ruisseau de *Combrant*, a une partie de la forêt de Villard. D'énormes blocs de rochers nus granitiques dits « les Roches gallets » s'élèvent perpendiculairement sur la Creuse à une très grande hauteur.

Les ruisseaux de la *Siauve* et de *Linard* (rive gauche) viennent de Bussière-Dunoise, pays accidenté par le Peu Chaud, le Maumont, le Châtenet, la Cise, le Rouland et la Bregère d'une hauteur moyenne de 480 à 580 mètres. On y trouve le petit étang de Drouillat, les bois de Beauvais, des Chapelles et de Balsac. De cette commune viennent également le ruisseau de *Bord* qui arrose la Celle-Dunoise et celui de la *Cour* qui arrose Saint-Sulpice-le-Dunois.

Le bourg de la Celle-Dunoise est bâti sur la Creuse, sur un sol mamelonné, avec d'étroits vallons et des gorges sinueuses où coulent les petits ruisseaux de *Besse*, de *Chantadoux*, du *Pont Tartarin*, des *Charpagnes*, de l'*étang Chaillot* et de *Gué-Cornu*. La Creuse qui baigne le pied des collines de Thiers, de Lage et de Cessac y fait mouvoir une importante minoterie. On y remarque les bois des Combes, de Villemore, du Beausoleil, de Puymanteau, du Pluchet et de la Côte à Colas.

Saint-Sulpice-le Dunois est une commune formant un plateau accidenté où l'on remarque le Puy Chabannes (547 m.), les collines du Mas-Saint-Jean, de Courtioux, du Grand Montpion, des Verrines et de Puy-Léger. Les ruisseaux de l'*Isle*, du *Souvoulle*, de la *Chassidouze* et de

Lavaud qui tous font mouvoir d'importants moulins l'arrosent ainsi que la Creuse où se trouve le pont hardi dit Pont de l'Enfer. A mentionner les bois de Chabannes, du Mas-Saint-Jean, de Souvolle, de Châtelus et de Labarde. On trouve au bourg une grosse tour carrée qui sert de clocher. Elle a encore 21 mètres d'altitude. L'église a un portail en ogive. Des souterrains, les grottes ou cavernes du Courtioux servirent peut-être d'abri à des populations gauloises primitives.

La Creuse laisse sur sa gauche les bourgs de Villard et de Maison-Feyne.

Villard n'a rien de remarquable.

Maison-Feyne a les ruisseaux du *Gapinon*, de la *Gâne noire* et des *Genêts*, l'étang de Laverdant et les forêts de Gervelles et de Formier.

Un peu plus loin a lieu le confluent de la Grande et de la Petite Creuse. C'est dans la commune de Fresselines qu'arrose sur la gauche le ruisseau de *Ravaud* (V. chapitre XXI).

Crozant, la dernière commune du département sur la Creuse, est bâti dans un site sauvage et pittoresque, au milieu de collines qui dominent la Creuse de 80 mètres et dont l'altitude est de 256 mètres entre le confluent de la Creuse et de la Sédelle. Il y a dans la commune l'étang de Maupas près duquel Emeri de Crozant assassina jadis son frère Albert. Les deux rivières se réunissent dans un lieu sauvage et désolé au pied de rochers sur lesquels s'élevaient les hautes tours avec les créneaux et les machicoulis du château de Crozant qui fut une forteresse d'Alaric roi des Wisigoths, avant d'être un château des ducs d'Aquitaine, puis des comtes de la Marche. Il fut démoli sous le ministère de Richelieu. Près de Crozant se trouvent de riches filons de cuivre non encore exploités.

La Creuse entre un peu plus loin dans le département de l'Indre à la cote de 175 mètres.

LA SÉDELLE. — AFFLUENTS. — COMMUNES. — La *Sédelle* que nous avons étudiée en partie arrose La Chapelle-Baloue. Cette commune est traversée en outre

par les ruisseaux déversoirs des *étangs des Malatries,*
des *Ayrolles,* de *Peston* et de la *Deunière.* Le bois des
Razades a 26 hectares. Le viaduc de la Sédelle est un
magnifique pont de 5 arches qui ont 12 mètres d'ouverture et 15 mètres de hauteur. Le château actuel a été
rebâti en 1856 sur les ruines de l'ancien château. L'église
date du xiii° siècle. A signaler la vieille ferme dite
« Corps de garde » et les ruines du château de Puy-Ra-
geat.

La Sédelle se grossit de la *Brézentine* qui prend sa
source près du hameau de Cessac dans la commune de
Bussière-Dunoise. Ce ruisseau traverse la commune de
FLEURAT où il n'y a à signaler que les bois du Châtelard
(10 hect.) et le porche de l'église qu'on atteint par un
escalier de 27 marches.

A NAILLAT qu'on rencontre ensuite la Brézentine reçoit
à droite le ruisseau de l'*Etang du Monteil,* à gauche le
ruisseau de *Poulignat.* La *Casine* au N.-O. de la commune va directement à la Sédelle. Il y a dans cette commune les deux châteaux de la Bastide et de la Pouge, un
tumulus près du moulin de Champfrier et le menhir dit
« Pierre Berce » sur le territoire du village de Péart.

La Brézentine contourne ensuite un mamelon haut de
547 mètres à l'E. duquel est COLONDANNES qui n'a rien
de remarquable. Il en est de même de SAGNAT qui n'a
conservé de son vieux couvent de Bénédictins que
l'église curieusement bâtie dans le style de celle de La
Souterraine.

DUN-LE-PALLETEAU (*Dunum*), chef-lieu de canton assez
important, où la Brézentine reçoit le ruisseau de la *Breuil*
est dominé par la butte de Chabannes (447 m.). On y
trouve les bois de Chabannes et la forêt de Dun (96 hect.).
La ville, à 2 kilom. de la rivière, dépendait autrefois de
Sagnat au spirituel. Elle avait un château fort qui dut
être démoli sous Louis XIII. Une partie des fossés existent
encore et servent d'abreuvoir. Des ruines de tours reliées
par des courtines sont visibles sur certains points. Dun
a des marchés importants. Au hameau de la Valette se
trouve un beau dolmen.

LAFAT, au confluent de la Brézentine et de la Sédelle,
n'a rien qui mérite de fixer l'attention si ce n'est les
vestiges d'un camp romain.

XIX

Vallée de la Petite Creuse. — Boussac.

ASPECT GÉNÉRAL. — Nous connaissons déjà en partie la ceinture du Bassin de la Petite Creuse. Elle est constituée au S. par les hauteurs qui séparent la Creuse de la Tardes. A l'E. ces mêmes hauteurs courent au N. puis s'infléchissent vers l'O. pour former la ceinture de l'Indre. Il s'en détache une ramification peu sensible qui au N. limite à la fois le département et la vallée de la petite Creuse.

La partie supérieure de cette vallée constitue un haut plateau dont le talus méridional a des cimes abruptes. Le centre de ce plateau est profondément et étroitement découpé par les cours d'eau tout en conservant généralement partout la même altitude.

LES SOURCES. — *La Petite Creuse* (65 kilomètres), sort des prairies humides de l'Etang ou de la Bussière dans la commune de SOUMANS, au pied du Puy Chevrier (514 mètres). Soumans est situé sur un plateau de 450 mètres d'altitude. Le sol de cette commune renferme du minerai d'étain qui est tellement lié à la roche granitique qu'il est presque impossible de l'exploiter. Soumans a le tumulus du Tureau et les ruines des châteaux de Bellefaye et du Mont Galbrun.

La Petite Creuse arrose la commune de LAVAUFRANCHE puis celle de LEYRAT dont le sol est assez mal boisé (à peine 7 hectares). On trouve à Leyrat trois châteaux: deux du XVIe siècle ont été plusieurs fois restaurés; l'autre, le château de la Motte qui datait du XIe siècle est complétement en ruines. La Petite Creuse se grossit dans cette commune des ruisseaux de la *Gane Charbonnière* (Etang des Souhaits) et de la *Gane du Chezeau* (Etangs de Villatte et de Boucheroux).

LE PÉROUX. — BOUSSAC. — La Petite Creuse ainsi

constituée forme de nombreux méandres et arrive à
Boussac (alt. 386 mètres), où elle reçoit le *Péroux*. C'est
dans l'angle formé par ces deux rivières que s'élève
BOUSSAC, ville très ancienne, chef-lieu d'arrondissement.

Le vieux château de Boussac, (aujourd'hui la Sous-
Préfecture) où l'on remarque la belle salle des gardes et
de grandes cheminées dont l'ouverture atteint 5 mètres
aurait été bâti d'après la tradition populaire par César,
d'autres disent par Léocade, sénateur romain du IIIe
siècle. Quoiqu'il en soit, le château dut être rebâti vers
le Xe siècle comme il l'a été depuis au XVe.

La Baronnie de Boussac appartint d'abord aux princes
de Déols et passa par un mariage à la famille de Brosse,
plus tard elle fut donnée à César, duc de Vendôme, bâtard
d'Henri IV, et devint enfin la propriété de la famille de
Carbonnieres qui vendit le château à la ville.

Boussac affranchie en 1427, moyennant une redevance
annuelle, était administrée par 4 consuls. Elle avait alors
des fortifications dont il ne reste plus aujourd'hui que
des ruines et une vieille porte. La ville était peu importante. Elle s'est bien transformée depuis. Les rues en
sont propres, animées. Le commerce l'enrichit et la
population augmente tous les jours.

Boussac est la patrie de Jean de Brosse, compagnon
de Jeanne d'Arc et maréchal de France sous Charles VII.

Au N. de Boussac, qu'on appelle souvent Boussac-
Ville se trouve la commune de BOUSSAC-BOURG où l'on
remarque une église romane du XIIe siècle. La Petite
Creuse et le ruisseau de Péroux arrosent cette commune
que baignent encore les petits ruisseaux de *Fondrinier*
et de *Sugères*, les étangs de Poinsouze et de la Chassagne. A mentionner les petits bois de Poinsouze.

Le Péroux vient de SAINT-MARIEN où il porte le nom
de *Véron* et alimente l'étang de la Forge (2 hectares).
L'*Arnon*, affluent du Cher prend sa source dans cette
commune, à la fontaine d'Arnon, près du village de
Jurigny. D'après la tradition, le bourg devrait son origine
à St-Marien, un pieux solitaire du VIe siècle qui y vivait.
Ce qui est certain, c'est que les Gaulois l'ont habité et
qu'un prieuré dut y exister au moyen âge, puisque la

vallée du Véron s'appelle encore « La Goutte au Prieur ». Signalons les vestiges du « château-breton », dans les bois du Breuil, les traces d'une voie romaine dans la brande de Foulet, et, sur un coteau, le beau dolmen de *Pierre-Folle*.

Le Péroux se grossit d'un ruisseau qui vient de SAINT-PIERRE-LE-BOST, ancien prieuré. Le bois Remords va jusqu'auprès de Boussac-Bourg. Au N.-E. un petit étang limite la Creuse et l'Allier.

LA PETITE CREUSE. — AFFLUENTS. — COMMUNES. Sur la gauche, la petite Creuse se grossit de nombreux ruisseaux. L'un d'entre eux vient du Mont-Barlot, dans la commune de TOULX-SAINTE-CROIX. Toulx-Sainte-Croix fut jadis une importante cité gauloise, dont les habitations couvertes de chaume étaient défendues par une triple enceinte dont la première avait 1200 mètres de circuit et 6 mètres d'épaisseur. Toulx devint ville gallo-romaine comme le prouvent les médailles qu'on y trouve. L'église date du XIIᵉ siècle. Trois lions de pierre se dressent à l'entrée. Les Pierres d'Epnell et surtout les Pierres Jaumathres du Mont Barlot, décrites par Georges Sand, attirent chaque année un nombre considérable de touristes et de curieux.

Le même ruisseau arrose ensuite SAINT-SILVAIN-BAS-LE-ROC que la Petite Creuse limite au N. Cette commune jadis couverte de forêts fut primitivement un sanctuaire druidique, si l'on en juge par les nombreux dolmens ou Pierres folles qu'on trouve encore près du hameau de la Roussille.

A partir de Boussac, la Petite Creuse coule sensiblement de l'E. à l'O. Elle arrose ainsi MALLERET où elle se grossit au S. du ruisseau de *Champeix*, au N. des ruisseaux de la *Rochette* et de *Beaufort*. Les deux petits étangs d'Allurdes et de Beaufort, les bois de Busserette et du Grand Chaumet, tels sont les principaux accidents géographiques de cette commune. Au hameau des Chaumes se trouve une source d'eau ferrugineuse froide. La commune de Champeix a été réunie en 1830 à celle de Malleret.

Au N. de Malleret se trouvent les deux communes de Bussière-Saint-Georges et de Nouzerines.

Bussière-Saint-Georges, arrosée par les ruisseaux de *Couchardon* et de *Bourgier* (quelques autres ruisseaux coulent au N. dans l'Indre) dépendait avant la Révolution des seigneurs de Montabret et de Verrines.

Nouzerines qu'arrose le ruisseau de la *Vergne* (les ruisseaux de la Gâne du Rey et de la Garenne de Lavaud s'écoulent dans l'Indre) a les étangs du Cluzeau et des Prades. Les petits plateaux des Prades, de la Bétoullière et de Chez-Trillaud mouvementent peu le sol. Nouzerines a une église romane très vieille. Elle dépendait avant la Révolution des familles de Ligondès et de Bridier.

XX

Vallée de la Petite Creuse *(Suite)*. — Jarnages. — Châtelus-Malvaleix.

ASPECT GÉNÉRAL. — Ici la vallée de la Petite Creuse s'élargit surtout au sud où le Verreaux arrose un grand plateau généralement fertile. Le sol est encore accidenté surtout dans la commune de Châtelus-Malvaleix où se dressent les derniers contreforts des monts de la Marche. Au N. de la rivière le plateau est découpé par de nombreux vallons riches surtout en arbres fruitiers.

LE VERREAUX. — LES AFFLUENTS. — LES COMMUNES. — A 3 kil. à l'O. de Malleret, la Petite Creuse reçoit sur sa gauche un cours d'eau, le Verreaux. Le *Verreaux* prend sa source à l'étang-Neuf, dans la commune de Cressat. Il traverse ensuite l'étang de Parsac. Parsac est un joli bourg, bâti dans une belle situation au milieu d'un plateau fertile quoique de nature schisteuse. L'église est romane.

Dans cette commune, le Verreaux se grossit d'un affluent qui arrose JARNAGES. Ce chef-lieu de canton n'est pas plus grand qu'un bourg ordinaire, mais bien peu de localités sont aussi agréables. Le bourg est ancien. L'église s'est élevée du XIIIe au XIVe siècle. Jarnages avait à cette époque un prieuré de l'ordre de St-Michel. Les bourgeois s'administraient eux-mêmes en vertu d'une charte octroyée par les comtes de la Marche. Pendant les guerres de la Ligue, Jarnages fut pris par le seigneur d'Abain (v. Malval).

Le Verreaux laisse sur sa droite DOMEYROT qui a les deux châteaux, aujourd'hui restaurés, de Beaupêche et de Servières.

Il reçoit à gauche le ruisseau de l'étang de *Claverolles* (6 h.) qui arrose BLAUDEIX dont l'ancien château a été démoli. L'église date du XIIIe siècle. Le sol de cette commune renferme quelques filons d'antimoine. Le même ruisseau arrose RIMONDEIX qui n'a rien d'important.

LADAPEYRE, à l'O. de ces communes, s'élève sur un plateau où l'on remarque un bel étang (20 h.) C'est un village très ancien. On y trouve les ruines d'un temple romain et de nombreux vestiges de l'époque gallo-romaine. L'église est du XIIIe siècle. Les châteaux de la Doge, de la Côte, du Coudart et de Lachassagne, (le premier bien conservé), remontent à l'époque féodale.

Le Verreaux arrose ensuite la commune de JALESCHES que traverse encore le ruisseau de *Lavaud* et que domine le plateau pittoresque de Pierrèbut. Mentionnons ici le château de la Terrade.

A CLUGNAT, le Verreaux reçoit le *Rio-Buzet* et le ruisseau des *Monceaux*. On trouve dans cette commune les bois d'Etable (16 h.) et les taillis du Clou (11 h.) Signalons en passant les débris du château de Monéroux. Ceux du Rouzier, de la Boissade et de Bâtisse subsistent encore.

LA PETITE CREUSE. — AFFLUENTS. — COMMUNES. — La Petite Creuse après son confluent avec le Verreaux arrose BETÊTE qui à deux petits étangs sans importance, les ruisseaux de *Charnassier*, de la *Ganne*, du *Naucher* et 50 hect. de bois taillis. L'église de Betête possède une croix émaillée fort ancienne. Au hameau de

Pré-Benoist, on trouve les restes d'une ancienne abbaye de Bénédictins.

GENOUILLAT, sur la Petite Creuse, est arrosé au N. par le ruisseau de l'*Etang* qui traverse les communes de Tercillat et de la Cellette, au S. par le ruisseau d'*Argères* qui vient de St-Dizier-les-Domaines et celui de *Prébourgnon* qui vient de Roches et de Châtelus. L'église de Genouillat, jadis fortifiée, date du XIIIᵉ siècle.

TERCILLAT n'a rien d'important.

LA CELLETTE a un étang, les bois de la Garenne, du Boueix et de la Loge. On y remarque la montagne du Sucheau.

SAINT-DIZIER-LES-DOMAINES que la Petite Creuse baigne au N. est en outre arrosée par le ruisseau de *Chez-Pendu*.

ROCHES, où l'on peut mentionner les deux petits étangs du Ribeyert et de Rioux n'a rien d'intéressant si ce n'est la chapelle Malvalaise.

CHATELUS-MALVALEIX est un fort joli chef-lieu de canton. Le bourg assez coquettement bâti a même une importance industrielle. La ville possède un bel hôtel de ville construit en 1808. Les places sont bien nivelées. Une fontaine publique en occupe le centre.

Châtelus (*Castrum Lucii ?*) doit sans doute son nom au vieux château qui s'élevait à l'entrée de la ville et qui rappelait par sa construction et sa situation le monde féodal. L'église de Châtelus où se trouve un beau bas-relief en albâtre date du XIVᵒ siècle. La ville eut de bonne heure certaines franchises. Les seigneurs du pays appartinrent successivement aux familles de Malesset et de la Roche-Aymon. Signalons aux Pinards un tilleul de 10 mètres de tour.

Le sol de la commune renferme des filons de houille non encore exploités. Il est arrosé par les ruisseaux de *Condâne*, de la *Terrière* et de la *Fuye*. On y trouve les étangs du Château et de la Pugne et 37 hect. de bois dont le plus important est celui de Sert.

Une série de mamelons et de sommets tourmentent cette région. Ce sont les monts de Sorges, des Pinards, de Jaumareix, de la Loge, de Battoix, du Magnoux, de Pierre-Blanche, le peux Redon et les hauteurs de Condâne et de Soumeranges.

XXI

Vallée de la Petite Creuse (*Suite et fin*). — Bonnat

ASPECT GÉNÉRAL. — A mesure que nous descendons la vallée de la Petite Creuse, le plateau de la Marche s'abaisse de plus en plus. Les hauteurs sont moins accentuées. La Petite Creuse et ses affluents se sont creusé des lits profondément encaissés dans les roches granitiques. Généralement les berges de la rive droite sont plus abruptes que celles de la rive gauche. Le confluent des deux rivières, à Fresselines, est à une altitude de 198 mètres.

LA PETITE CREUSE. — SES AFFLUENTS. — LES COMMUNES. — Parmi les ruisseaux que la Petite Creuse reçoit sur sa droite se trouve celui du *Moulin des Curades* qui arrose MOUTIER-MALCARD. Cette commune tire son nom d'un ancien couvent dont il n'est resté que la chapelle devenue aujourd'hui l'église paroissiale. Une belle croix de pierre sculptée datant du xve siècle en orne l'entrée. Les vieux châteaux féodaux de Moutier-Malcard, du Plaid et du Boislamy ont disparu sauf la tour du dernier.

Au N. de Moutier-Malcard est NOUZIERS où l'on trouve l'étang de Lacour et la forêt de Fonteny (200 h.). L'église date du xie siècle.

Près de Nouziers, la petite commune de la FORÊT DU TEMPLE, réunie à celle de Mortroux en 1836 et reconstituée en 1883, fut jadis le siège d'une commanderie de Templiers. On y trouve deux petits étangs. L'église est du xie siècle. Des flèches et des haches gauloises, des tombeaux romains prouvent l'ancienneté de ce village.

La Creuse arrose ensuite MALVAL. C'est là, dans un site pittoresque, que se trouvent les ruines du château des Seigneurs d'Abain qui reçut souvent au xvie siècle les savants et les poètes de la Pléiade.

Avant d'arriver à Malval, la Creuse baigne le nord de la commune de BONNAT. Bonnat, chef-lieu de canton, est un gros et joli bourg riche en monuments historiques. Son église qui date du XII° ou du XIII° siècle tombe de vétusté. C'était la chapelle d'un couvent fortifié dont on voit encore les ruines. A signaler le château de Grandsagne qui n'est qu'une maison de plaisance, le château de Mornay, complètement restauré et surtout le château de Beauvais à la porte duquel se dressent deux lions de pierre grossièrement sculptés. On arrive au château par une magnifique allée plantée d'ormes, la promenade favorite des habitants de Bonnat. Un ancien autel romain à quelques pas de la route de Guéret, un tumulus au hameau de Pouzoux, des inscriptions latines trouvées dans les décombres de l'église, tout rappelle que les Romains ont longtemps occupé ce pays.

LINARD-LE-PAUVRE qui ne mérite plus ce vieux surnom est bâti sur la Petite-Creuse. La commune est en outre arrosée par le ruisseau de *Bois ferru* qui vient de Mortroux. Les rochers sauvages de Malval, les ruines d'un couvent de cordeliers au hameau de Bois ferru, une source d'eau ferrugineuse au même endroit, des pierres gravées formant les dalles des rez-de-chaussées de certaines maisons, telles sont les principales curiosités de cette commune.

MORTROUX a 50 h. de bois taillis. On y remarque des souterrains et des traces de vieilles constructions. Le château féodal qui s'élevait près du bourg a disparu, sauf la chapelle qui sert aujourd'hui d'église à la paroisse.

La commune de CHÉNIERS, sur la Petite Creuse, est arrosée par le ruisseau de l'étang de *la Mersolle*. Le sol est assez boisé. (env. 300 h.). L'église qui date du XIV° siècle a un porche élégant et des chapiteaux curieusement sculptés.

CHAMBON-SAINTE-CROIX, situé un peu plus bas, au milieu de belles et riches prairies était administré, avant la Révolution, par des Prieurs. A signaler, au nombre des curiosités pittoresques, *la Roche des Fées*.

LOURDOUEIX-SAINT-PIERRE, au N., est arrosé par les ruisseaux de la *Forêt*, de *Vost*, de *Chanteranne* et de

Piodon (Etang de 3 h.). La forêt de Bourliat n'a que 43 hectares. A Lignaud, le camp romain de Fossés-des-Châtres a conservé ses retranchements.

Les ruisseaux de *Lavaud* et du *Moulin-Rapy*, affluents de droite de la Petite Creuse, viennent de Méasnes et arrosent Nouzerolles.

A NOUZEROLLES, on remarque les étangs du Bouchet et de l'Eglise. Le château de Nouzerolles a disparu dans ces derniers temps. Il ne reste plus que les murs et une tour du château fort de Bouchet. Nouzerolles est dans une position très pittoresque sur la petite Creuse.

Méasnes qui envoie la *Gargilesse* rejoindre la Creuse dans le département de l'Indre a 6 étangs, d'une étendue moyenne de 15 hectares. Ce sont ceux de Rigaudon, des Fossés, du Moulin, de Laugères, de la Boussige et de Plaix-Goliard. Les bois couvrent environ 25 hectares. A l'époque féodale Méasnes avait quatre châteaux, Méasnes, Lavaux, Plaix-Goliard, le Bouchet (v. Nouzerolles) et une abbaye de moines cisterciens à Aubepierre. Le château de Plaix-Goliard subsiste encore. De l'abbaye qui date de 1149, il ne reste plus aujourd'hui qu'une porte cintrée.

Enfin, nous arrivons à FRESSELINES, au confluent des deux Creuses. Fresselines, dont le sol est en outre arrosé par de nombreux petits ruisseaux, appartenait jadis au seigneur de Lâge dont le château n'existe plus et à ceux de Puy Guillon et de Vervix. Le château de Puy Guillon est assez bien conservé ; celui de de Vervix est en partie démoli. Ces seigneuries dépendaient alors de la châtellenie de Crozant. Aux environs de Fresselines les paysages sont ravissants et les peintres parisiens viennent souvent s'en inspirer.

DEUXIÈME PARTIE

GÉOGRAPHIE HISTORIQUE

Le département de la Creuse a été formé en grande partie de l'ancienne province de la Marche, du pays de Combrailles et de quelques parcelles du Limousin, de l'Auvergne et du Berry.

Le pays était habité primitivement par les *Lemovices* : d'où le nom de Marche Lemovicienne, qui lui fut donné après la conquête Romaine.

La Marche fit partie pendant très peu de temps de la confédération Armorique. Elle passa ensuite sous la domination des Visigoths. La bataille de Vouillé (507) la fit tomber au pouvoir des Francs. Quand les fils de Clovis se partagèrent l'héritage paternel, en 511, elle échut à Thierry avec l'Aquitaine.

Après la bataille de Poitiers (732), 20,000 sarrasins échappés à la défaite se jetèrent sur cette province qu'ils mirent à feu et à sang. Guéret ne dut son salut qu'à la fermeté de Saint-Pardoux. C'est à cette époque qu'on fait généralement remonter la fondation d'Aubusson.

Vers l'an 847, la Marche fut encore envahie et dévastée par les Normands qui devaient y faire de nouvelles apparitions et de nouveaux ravages en 930, 937 et 951.

C'est vers ce temps là que la Marche fut érigée en comté.

De 858 à 1789, elle a eu quarante-neuf comtes, savoir :

1° Avant 867, deux Geoffroi, tige de la maison de Charroux, et Robert, tige de la maison de France.

Leur principale occupation fut de combattre les Normands.

2° De 867 à 962, quatre de la maison d'Angoulême Vulgrin, Alduin, Guillaume et Bernard.

Les deux premiers sont peu connus.

Guillaume se distingua également dans plusieurs rencontres avec les Normands. Son fils Bernard ne lui survécut que quelques mois. Il laissait une fille, Emma, qui épousa Bozon I, comte de Charroux.

3° De 962 à 1134, sept de la maison de Charroux : Bozon le Vieux, Audebert I, Bozon II, Bernard II, Audebert II, Bozon III et Eudes.

Bozon, époux d'Emma, laissa cinq fils, dont deux, Audebert I et Bozon II, eurent en partage l'un la Haute et l'autre la Basse Marche. Le premier eut des démêlés avec Thibault, comte de Blois, et assiégea la ville Tours. Hugues Capet, étant intervenu, le somma de se retirer — « Qui t'a fait comte ? » demanda le monarque irrité — « Qui t'a fait roi ? » répliqua le fier vassal.

Bozon II, son frère, guerroya contre le duc d'Aquitaine et le roi Robert. C'est lui qui fonda l'abbaye du Moutier-d'Ahun.

Bernard II, fils d'Audebert I, alla mourir à Constantinople.

Audebert II fonda le couvent de Blessac et l'abbaye de Bénévent.

Bozon III mourut sans enfants en 1091. Son oncle Eudes, qui lui succéda, mourut lui-même en 1149, laissant le comté de la Marche à sa nièce Almodis.

4° De 1134 à 1177, trois de la maison de Montgommery : Roger, Audebert III et Audebert IV.

Roger, qui épouse Almodis, a des démêlés avec Hugues VI, sire de Lusignan, qui élevait des prétentions sur la Marche.

Sous Audebert III sont fondées les abbayes de Baulieu, du Palais (près de Bourganeuf), de la prévôté d'Evaux, du Moutier de Felletin, de Pré-Benoit (près de Châtelus), de la Cellette et d'Aubepierre (près d'Anzême).

Audebert IV vend son comté à Henri II, roi d'Angleterre, moyennant 5000 marcs d'argent. Mais cette vente est annulée à la demande des seigneurs de Lusignan.

5° De 1177 à 1309, sept de la maison de Lusignan : Geoffroi, Hugues IX, Hugues X, Hugues XI, Hugues XII, Hugues XIII et Guy.

Geoffroi conduit en Orient une puissante armée contre les Sarrasins qu'il défait à différentes reprises.

Hugues IX guerroie contre le vicomte de Limoges, assiège et prend La Souterraine qui appartenait à l'abbaye de Saint-Martial, se rend en Terre-Sainte, est fait prisonnier et meurt en Egypte en 1218.

Hugues X s'allie avec Louis VIII contre Henri III d'Angleterre, se ligue contre Saint-Louis qui le force à faire sa soumission, se croise plus tard avec lui et meurt à son tour devant Damiette.

Hugues XI, qui lui succède en 1258, meurt deux ans après.

Hugues XII réunit le vicomté d'Aubusson au comté de la Marche.

Hugues XIII crée des châtellenies dans les villes du Dorat, de Guéret, Ahun, et Aubusson. Il périt à Courtrai.

Guy soupçonné et convaincu d'avoir été d'intelligence avec les Anglais est condamné à une amende de 120,000 livres. De plus ses comtés de la Marche et d'Angoulême sont confisqués.

6° De 1309 à 1328, un de la maison de France, qui fut roi sous le nom de Charles IV le Bel.

Charles établit à la Chapelle-Taillefert un chapitre collégial qui sera transféré à Guéret en 1762.

7° De 1328 à 1435, six de la maison de Bourbon : Louis, Pierre I, Jacques I, Pierre II, Jean I et Jacques IV.

Louis confirme les privilèges d'Aubusson et négocie la paix entre les rois de France et d'Angleterre.

Pierre I et Jacques I se distinguent dans la guerre de

6

la succession de Bretagne et prennent part à la désastreuse bataille de Crécy. Plus tard Jacques I, surnommé *la fleur des chevaliers* est fait connétable. Il chasse les Anglais de la Chapelle-Taillefert, poursuit les *Grandes Compagnies* et les attaque près de Lyon où il est tué ainsi que son fils Pierre II.

Jean I contribue à la victoire de Rosebeck (1382) et à la prise de Taillebourg (1385).

Jacques II chasse les Anglais de plusieurs places de la Marche. Il affranchit la ville de Guéret et lui cède le bois de Chabrières qu'elle possède encore aujourd'hui.

8° De 1435 à 1477, deux de la maison d'Armagnac : Bernard III et Jacques III.

Bernard III devient comte de la Marche par sa femme Eléonore, fille de Jacques II. Il est nommé gouverneur du dauphin Louis. Mais celui-ci lui est enlevé à Loches (1440) et alors commence la Praguerie. Charles VII, à la poursuite des rebelles, traverse la Marche, passe par le Dorat, La Souterraine et arrive à Guéret où il séjourne quelque temps. La ville de Chambon, qui tenait pour le dauphin est assiégée et prise. Evaux fait sa soumission.

Jacques III entre dans la Ligue du bien public contre le roi qui d'abord lui pardonne. Mais, après plusieurs rébellions, il est pris et a la tête tranchée.

9° De 1477 à 1522, un de la maison de Bourbon-Beaujeu : Pierre III, et après lui sa veuve, Anne de France.

En 1478, Pierre vient prendre possession du comté de la Marche. Zizim, fils de Mahomet II, est conduit à Bois-Lamy et ensuite à Bourganeuf. Anne de France fait publier à Guéret les coutumes de la Marche.

10° De 1522 à 1527, un de la maison de Bourbon-Montpensier : Charles, le trop fameux Connétable.

Charles se distingue à Marignan, où des cavaliers de la Marche lui sauvent la vie. Après sa trahison et sa mort à Rome, des gentilshommes Marchois sont condamnés comme ses complices, entr'autres René de la Brosse, baron de Boussac.

11° De 1527 à 1789, quatorze apanagistes ou douairistes : Louise de Savoie, mère de François Ier ; Charles de France, fils de François Ier ; Louis-Charles de Bourbon, fils d'Antoine, roi de Navarre ; Jean, duc d'Anjou, qui devint roi sous le nom d'Henri III ; Elisabeth d'Autriche, veuve du roi Charles IX ; Louise de Lorraine de Vaudemont, veuve du roi Henri III ; Marie de Médicis, veuve d'Henri IV ; Anne d'Autriche, veuve de Louis XIII ; Henri de Bourbon, fils d'Henri-Jules de Bourbon, prince de Condé ; Louis-Henri de Bourbon, frère du précédent ; François-Louis de Bourbon-Conti ; Louis-Armand de Bourbon-Conti ; Louis de Bourbon-Conti ; Louis-François de Bourbon-Conti et Louis-François-Joseph de Bourbon-Conti, mort en 1814.

A partir de cette époque, l'unité nationale est à peu près fondée et l'histoire de la Marche se confond en quelque sorte avec celle de la France. Il nous paraît donc inutile de reprendre un à un les évènements qui se sont passés sous chacun de ses maîtres. Nous nous contenterons de signaler les faits suivants qui ont un caractère local.

C'est de Louise de Savoie que date l'origine du Protestantisme dans la Creuse. Au lendemain de la Saint-Barthélemy, les protestants indignés s'étaient soulevés. Ils faillirent surprendre la ville d'Ahun, mais furent repoussés par le sieur de Saint-Priest, gouverneur de Guéret. De là ils se réfugièrent à Pontarion, qu'ils durent livrer au sieur de la Roche-Aymon après un siège de trois jours.

A ces troubles vint malheureusement s'ajouter l'insurrection des *Croquants*, ainsi appelés parce qu'ils avaient choisi pour quartier général la ville de Crocq. Ces malheureux, égarés par la misère et excités par les rigueurs du fisc, s'étaient soulevés contre l'autorité royale. Il ne fallut pas moins de deux années pour les réduire. Défaits d'abord par Lambert, gouverneur du Limousin, et par le sieur d'Abain, gouverneur de la Marche, ils furent enfin dispersés par le maréchal de Matignon.

Plus tard, les querelles religieuses se rallumèrent à la faveur de la Ligue. Guéret, qui était passée du côté des rebelles, dut ouvrir ses portes et Chénérailles fut forcée de se rendre après un siège de huit mois.

En 1628, après la prise de la Rochelle, sur l'ordre de Richelieu, le château d'Aubusson fut démantelé, comme tous ceux des villes où était établie la religion calviniste.

En 1685, lors de la révocation de l'édit de Nantes, son temple fut fermé, et les protestants, chassés de cette ville par une odieuse intolérance, allèrent porter en Hollande et jusqu'en Prusse le secret de leur industrie et la haine du nom Français.

Telle est, en quelques mots, l'histoire de la Marche. Mais, si courte qu'elle soit, elle suffira, nous l'espérons, à faire comprendre l'influence que sa situation au cœur du pays et la valeur des hommes qu'elle a produits lui ont fait exercer de tout temps sur les destinées de notre Patrie.

PERSONNAGES REMARQUABLES

Parmi les personnages qui ont illustré le département de la Creuse nous citerons :

PHILIBERT DE NAILLAT, né au château de Naillat, canton de Dun, grand prieur d'Aquitaine, chevalier, puis grand-maître de l'Ordre de Saint-Jean de Jérusalem. Il secourut Sigismond, roi de Hongrie, contre le sultan Bajazet Ier et prit part à la bataille de Nicopolis (1396).

JEAN DE BROSSE, petit-fils de Louis de Brosse, tué à la bataille de Poitiers, naquit à Boussac vers 1375. Il devint conseiller et chambellan du roi Charles VII, puis maréchal de France (17 juillet 1426). Il tua de sa main Camus de Beaulieu, favori du roi, qui s'était attiré la haine des Seigneurs. Il combattit les Anglais à Orléans à côté de Jeanne d'Arc et se distingua également aux sièges de Compiègne et de Lagny. Il mourut vers 1433.

PIERRE D'AUBUSSON, né en 1423. Il suivit le dauphin Louis XI au siège de Montereau et à la bataille de Saint-

Jacques, plus tard il se fit recevoir chevalier de l'Ordre de Saint-Jean de Jérusalem et en devint grand-maître en 1470. Il soutint dans Rhodes un siège mémorable contre Mahomet II et mourut en 1503.

PARDOUX DUPRAT, né à Aubusson vers 1520. Il fit son droit à Toulouse et composa plus tard différents ouvrages de jurisprudence civile et canonique. Il a laissé en outre des commentaires sur la Coutume de la Marche. Il mourut vers 1570.

FRANÇOIS TRISTAN L'HERMITE, né en 1601 au château de Souliers, commune de Janaillat. Il descendait de Louis Tristan l'Hermite, grand prévôt de Louis XI. Il fut un des gentilshommes ordinaires de Gaston d'Orléans et s'adonna à la poésie. Quelques-unes de ses pièces dramatiques, en autres une tragédie de Mariamne (1637), eurent de leur temps un immense succès. Il fut reçu à l'Académie française en 1649 et mourut en 1655.

JEAN-BAPTISTE TRISTAN L'HERMITE, frère du précédent, chevalier, gentilhomme de la Chambre du roi, mort en 1669, a laissé plusieurs ouvrages historiques et généalogiques.

GEORGES D'AUBUSSON, né en 1612. Il fut appelé à l'archevêché d'Embrun (1649) et à l'évêché de Metz sur la fin de sa vie. Il fut envoyé en qualité d'ambassadeur à Venise en 1659 et à Madrid en 1661. Il prononça les oraisons funèbres de Léonor d'Etampes, archevêque de Rennes (1651), du cardinal Mazarin (1661) et de Marie-Thérèse, reine de France, en 1683. Il mourut en 1697.

ANTOINE VARILLAS, né en 1624 à Guéret, où son père exerçait la charge de procureur du roi. Il fut historiographe de Gaston de France, duc d'Orléans et occupa pendant un certain temps un emploi à la bibliothèque royale. Il a composé de nombreux ouvrages historiques, où il sacrifie trop souvent l'exactitude à l'élégance. Il mourut le 9 juin 1696.

FRANÇOIS, VICOMTE D'AUBUSSON, DUC DE LA FEUILLADE, frère de Georges d'Aubusson, naquit en 1625. Il fit ses premières armes sous Turenne et prit part aux batailles de Rethel et d'Arras. Il fut envoyé au secours de l'Empereur contre les Turcs en 1664 et défendit Candie en 1669. Il fit avec Louis XIV la campagne de Franche-Comté en 1674, fut nommé maréchal de France cette même année, vice-roi de Sicile en 1677, gouverneur du Dauphiné en 1681. Il mourut en 1691.

PHILIPPE QUINAUT, né à Felletin en 1634. Il fit ses premières études au collège de cette ville et alla ensuite à Paris où il s'attacha au poète Tristan, son compatriote, et ne tarda pas à se distinguer lui-même par ses tragédies et ses poésies lyriques. Il fut le collaborateur de Lully, célèbre compositeur de ce temps. Il fut reçu à l'Académie en 1670 et mourut en 1688.

LOUIS, VICOMTE D'AUBUSSON, DUC DE LA FEUILLADE, né le 30 mai 1673. Il était fils de François d'Aubusson. En 1704 il soumit la Savoie. Chargé du siège de Turin en 1705, il fut battu devant cette ville par le prince Eugène en 1706. Il fut nommé maréchal de France en 1725 et mourut la même année. Il avait épousé la fille du ministre Chamillard.

CHARLES-ANTOINE DE LA ROCHE-AYMON naquit au château de Mainsat en 1697. Il fut nommé évêque de Sarepte en Phénicie (1725), évêque de Tarbes (1729), archevêque de Toulouse (1740), de Narbonne (1752), commandeur de l'Ordre du Saint-Esprit (1753), archevêque de Reims (1762), cardinal en 1771. Ce fut lui qui sacra Louis XVI en 1775. Il mourut en 1777.

LE COMTE JOSEPH CORNUDET DES CHAUMETTES, né à Crocq en 1752, devint homme politique, puis sénateur, pair de France et mourut à Paris en 1834.

PIERRE-PAUL BARRABAND, né à Aubusson en 1767. Il étudia sous Malaine, dessinateur des Gobelins et atteignit presque à la perfection dans l'art de peindre les oiseaux. Il a exécuté de nombreux dessins pour la manufacture de Sèvres. Nommé professeur à Lyon en 1807, il y mourut à la fin de septembre 1809.

JACQUES-HONORÉ LELARGE, BARON DE LOURDOUEIX, né au château de Beaufort en 1787. Il se fit connaître comme publiciste, écrivit à la *Gazette de France* et fut nommé Directeur des Beaux-Arts sous la Restauration. Il mourut en 1860.

LE COMTE ETIENNE-EMILE CORNUDET, DES CHAUMETTES, né à Felletin le 10 février 1795, devint pair de France et mourut à Crocq le 2 décembre 1870. Il est le père du député actuel.

LÉONARD-SYLVAIN-JULES SANDEAU, né à Aubusson le 19 février 1811. Il se rendit à Paris pour y étudier le droit. Il y fit la connaissance de Madame Dudevant, connue sous le nom de George Sand et publia quelques romans avec elle. Depuis il consacra sa vie aux travaux littéraires. Il fut décoré de la Légion d'honneur en 1847, devint un des Conservateurs de la Bibliothèque Mazarine en 1853, fut élu membre de l'Académie française en 1858, promu officier de la Légion d'honneur la même année et enfin nommé en 1859 bibliothécaire du palais de Saint-Cloud. Il est mort en 1883.

LÉOBON-VALÉRY-LÉON-JUPILE LAROMBIÈRE, né à Saint-Vaury en 1813. Il entra dans la carrière judiciaire, fut successivement substitut du procureur du roi à Bellac (1841), puis à Limoges (1849), avocat général (1853), et président de chambre à la même cour (1855), conseiller à la cour de cassation (1869) et président de la cour d'appel de Paris (1875). Il fait en outre partie de l'Académie des sciences morales et politiques depuis 1879 et il est commandeur de la Légion d'honneur depuis 1876. M. Larombière est à la fois un jurisconsulte et un lettré.

MARTIN NADAUD, né à Lamartinèche, le 17 novembre 1815. Il se rendit à Paris en 1830 pour y exercer l'état d'ouvrier maçon. En 1849, il fut envoyé par ses compatriotes à l'Assemblée législative. Après le 2 décembre 1851 il fut expulsé de France et se réfugia en Angleterre. Il fut nommé préfet de la Creuse après le 4 septembre 1870. Il représente le département à la Chambre des députés depuis 1876. Il s'est occupé durant toute sa vie de travaux publics et de questions ouvrières. La République n'a pas eu de défenseur plus convaincu et plus dévoué.

JOSEPH-EDMOND FAYOLLE, né à Guéret le 16 février 1815. Il fut reçu avocat à Paris, et se fit inscrire au barreau de sa ville natale. Nommé représentant du peuple après la Révolution de février et réélu membre de l'Assemblée législative, il combattit le gouvernement impérial, fut arrêté à la mairie du Xᵉ arrondissement et détenu au mont Valérien. Il fut élu plus tard sénateur de la Creuse en 1876 et mourut en 1886.

JEAN-BAPTISTE-ALFRED ASSOLANT, né le 20 mars 1827, à Aubusson. Il sortit de l'Ecole normale en 1850, passa quelques années dans le professorat et ne tarda pas à se faire un nom dans la littérature. Il a publié des nouvelles, des romans, des articles politiques et mourut en 1886.

FRANÇOIS-ELIE ROUDAIRE, né à Guéret en 1836. Il entra à Saint-Cyr en 1854 et passa en 1856 à l'école d'Etat-major. Il fut promu lieutenant en 1858, capitaine d'Etat-major en 1861 et chef d'escadron en 1878. Il est surtout connu par ses explorations dans le nord de l'Afrique et son projet de mer intérieure. Il est mort à Guéret en 1885.

AMÉDÉE-JEAN LEFAURE, né à Paris le 20 octobre 1838 d'une famille originaire d'Aubusson. Secrétaire-rédacteur à la Chambre des députés, il appartint dès 1870 à la rédaction de la *France* où il traitait particulièrement les questions militaires. Il fut élu député de la Creuse en 1879 et mourut en 1882 victime de son dévouement à son pays, à la suite d'un voyage en Tunisie.

TROISIÈME PARTIE

GÉOGRAPHIE ADMINISTRATIVE

Divisions Administratives. — Le département de la Creuse est divisé en quatre circonscriptions administratives : Guéret, où réside le préfet, Aubusson, Bourganeuf et Boussac, administrés par des sous-préfets.

C'est entre les mains de l'administration préfectorale que sont centralisés tous les pouvoirs : le préfet et les sous-préfets sont les représentants directs du Gouvernement dans le département et dans leurs arrondissements respectifs.

Administrations Financières. — L'assiette de l'impôt est établie par les contrôleurs des contributions directes, aidés dans les communes par les répartiteurs et les maires.

Les rôles des contributions directes et taxes assimilées sont dressés par les soins de la direction. Ils comprennent des centimes additionnels au principal des quatre contributions directes, destinés à faire face aux dépenses départementales et communales et votés soit par le Conseil général, soit par les Conseils municipaux dans les limites du maximum fixé par la loi.

En sus des revenus créés aux communes par les centimes additionnels, il est établi spécialement pour elles des rôles comprenant des taxes dites municipales, telles que prestations pour chemins vicinaux, taxes sur les chiens, droits d'octroi, taxes de pâturage et d'affouage etc. L'Etat alloue également aux communes une part proportionnelle au principal des patentes et un vingtième du principal de la contribution des voitures et des chevaux.

Le recouvrement des impôts de diverse nature est assuré par les percepteurs et par les receveurs particuliers sous le contrôle du trésorier général du département; par l'administration des Contributions indirectes, par l'administration de l'Enregistrement, des Domaines et du Timbre.

Ponts-et-Chaussées. — L'administration des Ponts-et-Chaussées est chargée de l'entretien et de l'amélioration des routes nationales, ainsi que du service hydraulique, qui comprend la surveillance des cours d'eau.

Le département comprend un seul arrondissement, celui de Guéret, sous les ordres d'un ingénieur ordinaire. Un ingénieur en chef est placé à la tête du service.

Service vicinal. — Les autres voies de communication sont construites et entretenues par l'administration de la Voirie vicinale qui comprend les agents-voyers cantonaux, les agents-voyers d'arrondissement et l'agent-voyer en chef.

Agriculture. — Un professeur départemental d'Agriculture est chargé de faire des conférences agricoles dans tout le département et d'indiquer les voies pratiques de l'amelioration de la culture. Des champs de démonstration ont été créés à cet effet dans la plupart des cantons.

Cultes. — Le service du culte catholique est assuré par des curés ou desservants dans chacune des paroisses du département.

Le service du culte protestant est fait par des pasteurs.

Forêts. — Le service des forêts appartient à la 20e conservation dont le siège est à Bourges.

Il est assuré par un conservateur, un Inspecteur-adjoint, 4 gardes domaniaux, 13 gardes communaux et enfin par 4 lieutenants de louveterie.

Armée. — Au point de vue de la défense du territoire, le département ressortit au 12e corps d'armée dont le quartier général est à Limoges. Le général commandant la subdivision de la Creuse réside lui-même dans cette ville. Il a sous ses ordres deux régiments d'infanterie dont un, le 78e, envoie à Guéret un détachement composé d'un bataillon et du dépôt, sous les ordres d'un lieutenant-colonel.

Les bureaux de l'intendance et du recrutement siègent à Guéret.

Le département est enfin le lieu de réunion du 91e régiment territorial.

Le service de l'ordre intérieur est fait par la gendarmerie, sous les ordres d'un chef d'escadron résidant à Guéret.

Instruction publique. — L'instruction publique est placée sous la direction d'un inspecteur d'académie. Des inspecteurs primaires résident à Guéret, Aubusson, Bourganeuf et Boussac.

Les établissements d'enseignement secondaires sont: les lycées de garçons et de filles de Guéret et le collège d'Aubusson.

On peut y ajouter les petits seminaires d'Ajain et de Felletin.

L'enseignement primaire est assuré par les instituteurs et institutrices qui dirigent les écoles placées dans chaque commune.

Il y avait, au 31 décembre 1887, 579 écoles primaires, non compris 11 écoles maternelles.

Les 579 écoles primaires élémentaires comprenaient: 522 écoles publiques fréquentées par 44255 enfants dont 23258 garçons et 20997 filles, plus 57 écoles privées fréquentées par 4131 enfants dont 732 garçons et 3399 filles.

Il faut y ajouter 1 école supérieure à La Souterraine et 2 cours complémentaires à Bourganeuf et à Boussac. Ces 3 établissements ont été fréquentés par 146 élèves en 1887.

Enfin, à Guéret se trouvent une école normale de garçons et une école normale de filles où se préparent les instituteurs et les institutrices.

Le gouvernement de la République, dans une pensée

généreuse pour la quelle nous lui devons une profonde gratitude, a décrété la gratuité de l'instruction. Il a décidé en même temps l'obligation, la nourriture intellectuelle étant due aux enfants au même titre que la nourriture physique; et la laïcité, c'est-à-dire la neutralité absolue de l'école, ce qui est de toute justice, des enfants de cultes différents suivant les mêmes cours.

Magistrature. — La justice est rendue par des tribunaux siégeant à Guéret, Aubusson, Bourganeuf et Chambon qui connaissent des affaires civiles, correctionnelles et des litiges commerciaux.

Auprès de chaque tribunal siège un procureur de la République assisté d'un substitut et chargé de soutenir l'accusation.

Les Assises siègent à Guéret à des époques déterminées, sous la présidence d'un conseiller à la Cour de Limoges assisté de deux juges. Ils sont chargés d'appliquer le verdict prononcé par le jury.

La Cour d'appel siège à Limoges.

Enfin dans chaque canton un juge de paix est chargé de connaître des litiges qui peuvent surgir entre les citoyens.

La justice est gratuite en France à toutes les juridictions.

Postes et Télégraphes. — Le service de la correspondance est fait par les soins de l'administration des Postes et Télégraphes.

Le directeur réside à Guéret.

Les chefs-lieux de canton et les communes importantes sont desservis par des bureaux à la tête desquels est placé un receveur ou un facteur-boîtier.

Les autres communes sont desservies par des facteurs.

Représentation départementale. — Au point de vue législatif, le Gouvernement est représenté par deux sénateurs et quatre députés qui préparent les lois, les discutent et les votent. Ils siègent à Paris.

Les intérêts du département sont représentés et défendus par le Conseil général qui se compose d'un conseiller par canton.

Le Conseil se réunit à des époques fixes au chef-lieu du département. La Creuse compte 25 conseillers généraux.

Les conseillers d'arrondissements, qui se réunissent au chef-lieu de leur arrondissement respectif, émettent des vœux en faveur des intérêts de leurs mandants, vœux qui servent à éclairer les administrateurs et les assemblées législatives.

Enfin chaque commune est administrée par un maire assisté d'un certain nombre de conseillers municipaux suivant l'importance de la population.

Tous ces représentants sont élus par le suffrage universel, à part les sénateurs.

VOIES DE COMMUNICATION

Le commerce du département de la Creuse tend à s'accroitre tous les jours par suite du développement et de l'amélioration des voies de communication. Les étrangers et les touristes y viennent en plus grand nombre, l'importation et l'exportation augmentent peu à peu et la vie commerciale s'accentue de plus en plus.

Il y a quatre groupes de voies de communication, sans compter les routes peu importantes et les sentiers qui sillonnent les vallées.

§ I

Voies ferrées

1° Lignes de la compagnie d'Orléans

De Châteauroux à Limoges.
De Montluçon à Limoges.
De Busseau à Aubusson.

2º Lignes de l'Etat.

De Vieilleville à Bourganeuf.
D'Aubusson à Felletin.
D'Urciers à Lavaud-Franche.
De Saint-Sébastien à Guéret.
De Montluçon à Eygurande.

Ces voies ferrées ont une longueur totale de 281 kilomètres.

§ II

Routes nationales

Les routes nationales sont au nombre de six :

Nᵒˢ 20.　De Paris à Toulouse.
　　 140.　De Figeac à Montargis.
　　 141.　De Clermont à Saintes.
　　 142.　De Clermont à Poitiers.
　　 145.　De Limoges à Moulins.
　　 151 *bis.* D'Angoulême à Nevers.

La longueur totale de ces routes est de 338 kilomètres.

§ III

Chemins de grande communication

Ils sont au nombre de 38 ayant une longueur totale de 1355 kilomètres.

1. De Saint-Vaury à Argenton.
2. De Guéret à Laurières.
3. De Sainte-Feyre à Peyrat.
4. De Chénérailles à Montel-de-Gelat.
5. D'Aigurande à Pionsat.
6. De Guéret à Aigurande.
7. De Felletin à Ussel.
8. De Bourganeuf à Eygurande.
9. De Chénérailles à Giat.
10. De Pontarion à Eguzon.
11. De Guéret à Culan.

12. De Saint-Léonard à Chantôme.
13. D'Eymoutiers à Montluçon.
14. De Bellac à Guéret.
15. Du Blanc à Montluçon.
16. D'Evaux à Montmarault.
17. De La Souterraine à Montmorillon.
18. De Guéret à Chénérailles.
19. D'Aubusson à Peyrat.
20. De Mainsac à Evaux.
21. De Boussac à Chavanat.
22. De Saint-Dizier à Chambon Ste-Croix.
23. De Sauviat à Peyrat.
24. D'Aubusson à Saint-Sulpice-le-Donzeil.
25. De Boussac à Chambon Sainte-Croix.
26. De Boussac à Guéret.
27. De Guéret à Pontarion.
28. De Bénévent à Saint-Léonard.
29. De Châtelus à Pont-du-Dognon.
30. De Gouzon à Bonlieu.
31. De Tulle à La Châtre.
32. D'Aubusson à Montaigut.
33. De Pontaumur à Montluçon.
34. De Bourganeuf à Argenton.
35. De Courcelles à Saint-Avit.
36. D'Evaux à Bourganeuf.
37. D'Aubusson à Montluçon.
38. D'Issoudun à Gouzon.

§ IV

Chemins d'intérêt commun

Ils sont au nombre de 111 et ont une longueur totale de 1642 kilomètres.

1. De Guéret à Anzème.
2. De Bénévent à la Souterraine.
3. D'Aubusson à Moutier-Rozeille.
4. De Bourganeuf à la Jonchère.
5. Du Grand-Bourg à Aulon et à Mourioux.
6. De Forgevieille à Bois-Mandé.
7. D'Ahun à Gentioux.
8. D'Aubusson à Ahun.
9. De Bonnat à Lourdoueix-St-Michel.
10. De Pontarion à Laurières par St-Dizier.
11. De Bourganeuf à Bujaleuf.

12. De Fleurat à Forgevieille.
13. De Châtelus à Ahun.
14. D'Aubusson à St-Merd-la-Breuille.
15. D'Auzances à Giat.
16. De Bourganeuf à St-Martin-le-Château.
17. De Crozant à St-Sébastien.
18. De Dun à St-Benoit-Dusault.
19. D'Anzème à Chéniers.
20. De St-Sulpice-les-Champs à Lavaveix.
21. De Magnat au Mas-d'Artiges.
22. De Jarnages à Nouzerines.
23. De Champagnat à Evaux.
24. De Fresselines à Dun et a la limite de l'Indre sur Orsennes.
25. De Bourganeuf au Mont.-au-Vicomte et à Vallières.
26. De Fursac à St-Dizier.
27. De Maisonnisses au Pont-à-l'Evêque.
28. De Guéret à St-Sulpice-le-Dunois.
29. De St-Vaury à Châtelus.
30. De Lavaud à Préveranges et à la Maison-Rouge.
31. De Bonnat à Crevant.
32. De St-Vaury à la Chapelle-Taillefert.
33. De Châtelus à la Jonchère.
34. De Peyrat-la-Nonière à St-Martial-le-Mont.
35. De Nouzerolles à Méasnes et à Aigurande.
36. De St-Priest à Chambon et à la gare Chambon-Budelière.
37. De Châtelus à Vijon.
38. De Bellegarde à Mérinchal.
39. D'Aubusson à Crocq.
40. De Magnat à Crocq.
41. De La Souterraine à Bessines.
42. De Châtelus à Gouzon.
43. De Maisonnisses et Sardent à Guéret.
44. De St-Léonard à Vieilleville.
45. De Vallières à Féniers.
46. De la Chaussade à Bellegarde.
47. De Felletin à Magnat.
48. D'Anzème à Naillat.
49. De Naillat à La Souterraine.
50. De Néoux à Fourneaux.
51. De Chénérailles à Parsac.
52. De Felletin à Mautes.
53. De Clugnat à Lépaud.
54. (Déclassé).
55. Du Grand-Bourg à St-Priest-la-Feuille.
56. De Banise à St-Hilaire-le-Château.

57. De Lépaud à la gare de Treignat.
58. De la Barre à Marlanges.
59. D'Eau à St-Martial-le-Mont.
60. D'Aubusson à Gentioux.
61. De la Souterraine à St-Hilaire-la-Treille.
62. De St-Eloy à Vieilleville.
63. De Boussac à Nouzerines.
64. De Chénérailles à Chambon.
65. De Sardent à la Chapelle-St-Martial.
66. De St-Victor au chemin de grande communic. n° 2.
67. De Roches à Parsac.
68. De la Souterraine à Folles.
69. De St-Moreil à Royère.
70. De Châtelus-Malvaleix à Ste-Sevère.
71. De Champsanglard à Châtelus-Malvaleix.
72. De St-Goussaud à Bourganeuf.
73. De Marsac à Anzème.
74. De Bénévent à Fursac.
75. De Royère à Pontarion par Vidaillat.
76. De Montaigut à Vieilleville.
77. De Maisonnisses à Janaillat.
78. De Treignat à Toulx-Ste-Croix.
79. De Bénévent à la Jonchère.
80. De St-Moreil au Monteil-au-Vicomte.
81. De Beaumont à la Nouaille.
82. De Glénic à St-Laurent.
83. De La Chapelle-Taillefert à Ahun.
84. De Chambon-Ste-Croix à Lourdoueix-St-Michel.
85. De St-Yrieix-la-Montagne à Felletin.
86. De Chéniers à Lourdoueix-St-Pierre et à Aigurande.
87. De la route nationale n° 142 au lieu dit Chez Cour-
    saget et à la gare de Cressat.
88. De Sannat à Château-sur-Cher avec embranche-
    ment sur Chambonchard.
89. De St-Léger-Bridereix à Fursac.
90. D'Azat-Châtenet à Bourganeuf.
91. De St-Sulpice-le-Donzeil à Lépinas.
92. De Chambon à Lamaids.
93. Du pont de Courleix au pont de Château-sur-Cher.
94. Du Compas à Reterre.
95. De Maisonnisses à Sous-Parsat.
96. De St-Sulpice-les-Champs à Felletin.
97. De Pontarion à Royère.
98. De Soumans à Budelière.
99. De Mainsat à St-Avit-de-Tardes.
100. De Boussac-Bourg à Bussière-St-Georges.
101. De La Souterraine au Grand-Bourg.

102. De Sauviat à St-Junien-la-Bregère.
103. De Dontreix à la Villeneuve.
104. De St-Avit-le-Pauvre à Ahun.
105. De la route départementale n° 4 au chemin vicinal
      ordinaire n° 4 de la commune de Laurières.
106. De Dun à St-Priest-la-Plaine.
107. De Clugnat à Domeyrot.
108. De St-Agnant-près-Crocq à la Courtine.
109. De Magnat au chemin de grande communic. n° 31.
110. De Vieilleville à Sauviat.
111. D'Auzances aux Grands-Triomps.

La longueur totale des chemins ordinaires du département de la Creuse est de 2911 kilomètres.

QUATRIÈME PARTIE

GÉOGRAPHIE ÉCONOMIQUE

CHAPITRE PREMIER

L'ÉMIGRATION

Certaines races, attachées et pour ainsi dire rivées au sol, limitent leur existence aux bornes mêmes de leur propre pays : elles vivent et meurent à l'endroit qui les a vu naître. D'autres au contraire semblent éprouver un besoin impérieux de se mouvoir, de changer d'air, de reculer leur horizon. La race Creusoise est de ces dernières. Chaque année sortent du département, comme d'une ruche trop pleine, plus de quinze mille émigrants, qui se dirigent sur Paris, Lyon, St-Etienne et les grands centres. La Creuse est avant tout un pays de maçons et de sabotiers : les sabotiers restent et les maçons, suivant leur expression, vont *à la campagne*. Du commencement de mars à la fin d'avril, selon que la saison est plus clémente ou plus rigoureuse, tout ce qui est valide, tout ce qui peut tenir la truelle ou le marteau se lève en masse. Rien de plus curieux que leur départ : les gares envahies et prises d'assaut ; les cris des hommes qui s'appellent et se répondent ; la cohue des voyageurs qui se bousculent aux guichets ; les blouses blanches qui se ruent dans les noirs compartiments des troisièmes ; les chansons avinées qui se mêlent à la voix stridente de la locomotive ; puis le silence, interrompu par les sanglots des femmes qui s'en retournent tristement au village, les yeux fixés sur le panache de fumée que le train laisse au loin derrière lui.....

L'émigration est-elle un bien ou un mal pour la Creuse ? Elle a ses partisans comme aussi ses détracteurs. Les premiers vous font la description la plus sombre du pays, qu'ils vous représentent stérile, désolé, sauvage. Ils vous montrent les habitants condamnés à quitter une

terre ingrate, incapable de les nourrir, pour aller cher-
cher sous des cieux plus hospitaliers un travail plus
rémunérateur. Ils vous citent avec orgueil les noms de
leurs compatriotes qui, de simples goujats, sont devenus
millionnaires et après avoir porté l'auge dans leur
jeunesse reposent aujourd'hui leur vieillesse honorée
dans leurs châteaux ou leurs maisons de plaisance. Les
seconds témoignent, sinon plus d'affection pour leur
pays, du moins plus de confiance en ses ressources.
Selon eux, si les champs sont improductifs, c'est le plus
souvent faute de bras et de culture. Si les montagnes
perdent dans les nuages leur front de granit, à leurs
pieds s'étendent de profondes vallées et de vastes plaines
qui ne demandent qu'à être fécondées. Et puis, ajoutent-
ils, pour un émigrant qui fait fortune, combien échappent
à grand peine à la misère et à la faim! combien rentrent
dans leur foyers aussi pauvres qu'à leur départ, quand
encore il leur reste de quoi payer le retour! N'est-il pas
affligeant de voir penchées sur la charrue des filles ou
des femmes qui seraient mieux à la ferme, ou bien
employés aux durs travaux de la moisson des enfants
dont la place est à l'école? Y a-t-il encore une famille,
là où le père et les frères sont absents? là où la mère
et les sœurs sont abandonnées et livrées à elles-mêmes?

Quoi qu'il en soit, rendons cette justice aux habitants
de la Creuse qu'ils émigrent, mais ne s'expatrient pas.
Le train qui les emporte au printemps les ramène en
automne comme une nuée d'hirondelles. L'hiver fini, les
jeunes partiront de nouveau ; les vieux demeureront au
village. Là fut leur berceau ; là sera leur tombe. C'est
dans le même champ où sont venus se reposer à jamais
leurs aïeux fatigués de la vie qu'ils dormiront eux aussi
leur dernier sommeil.

CHAPITRE II

NOTICE MINÉRALOGIQUE

Les terrains. — Au point de vue géologique, la Creuse présente une grande variété de *roches éruptives.*

On y trouve de nombreuses espèces de granit, du quartz, du mica, du feldspath, de la tourmaline, de l'amphibole, du talc, quelques espèces de porphyre, du grenat, de la pegmatite, etc.

Les terrains primitifs y sont représentés par des bancs de gneiss et d'immenses couches de micaschistes (nord du département).

Les *terrains primaires* s'y manifestent par des wackes, des calcaires carbonifères, de l'anthracite et de la houille.

On n'y trouve aucune trace des *terrains secondaires.*

Mais les *terrains tertiaires* s'y rencontrent aux environs de Gouzon, sous forme de calcaires et de gypse.

Les mines. — Le département de la Creuse est un pays plus riche en minéraux qu'on ne le croit communément.

Houille. — Il possède de nombreux bassins houillers. Deux seulement sont exploités : Lavaveix et Bosmoreau.

Voici les lieux où il existe d'autres gisements :

St-Julien-la-Genête, St-Dizier-les-Domaines, Bussière-Nouvelle, Saint-Michel-de-Veisse, Faux-Mazuras, Bouzogles.

La production houillère de Lavaveix a été en 1886 de 189,430 tonnes, celle de Bosmoreau de 8,022 tonnes.

Etain. — Une seule mine de ce métal existe dans la Creuse. Elle est située dans la commune de Soumans, près du village de Montebras dont elle a pris le nom. La mine de Montebras est incontestablement une des plus riches mines d'étain d'Europe. La teneur moyenne du massif ressort à 5 % environ, tandis que la teneur moyenne des mines anglaises est de 2 % seulement. L'étain se présente en filons, veines et veinules ; on a rencontré parfois des blocs de minerai pesant jusqu'à 400 kil.

L'exploitation qui avait été arrêtée en 1878, à l'époque de la grande crise sur les métaux, vient d'être reprise cette année.

Plomb. — La mine de plomb de Mornat, à 3 kilomètres d'Ahun, a été exploitée depuis 1817 jusqu'en 1823. Les travaux, poursuivis sur un filon d'une faible puissance, ont été peu productifs. Les substances qui entrent dans sa composition sont : le plomb sulfuré ou galène argentifère, le plomb carbonaté et le fer sulfuré.

600 quintaux métriques de minerai vendus à des fondeurs ont donné d'excellents résultats.

Antimoine. — Ce métal, dont on a reconnu l'existence sur plusieurs points du département, n'a pas été jusqu'à ce jour sérieusement exploité.

A Villeranges, commune de Lussat, un filon d'antimoine sulfuré fut exploité de 1824 à 1828. Les travaux d'aménagement du gite avaient amené la découverte d'un massif pouvant fournir 2000 quintaux métriques d'antimoine.

Au Drux, commune de Reterre, il existe un important gisement de sulfure d'antimoine. Un puits fut ouvert en 1786 ; on construisit même un fourneau pour la fusion du minerai. La Révolution vint arrêter les recherches.

On avait commencé en 1882, à Boursonneix, commune de Blaudeix, l'exploitation d'un gisement d'antimoine sulfuré, la découverte de blocs pesant jusqu'à 300 kil. laissait espérer qu'on continuerait les recherches. Malheureusement cette mine a eu le sort des précédentes.

Fer. — Le fer qui entre dans la composition de la plupart des roches du département ne se présente en quantité suffisante pour être exploitée qu'à Bosmoreau et à Clugnat.

Manganèse. — Le manganèse a été reconnu à Gouzon,

où il forme une couche assez continue, dans les terrains argileux.

Carrières. — L'exploitation des carrières de la Creuse n'offre pas un grand intérêt, si nous en exceptons les carrières de Montebras.

On exploite à Montebras, concurremment avec l'étain, un filon d'*amblygonite*. Ce minéral, qui jusqu'à ce jour n'a été rencontré qu'en faible quantité à Penig (Saxe), doit sa grande valeur à la forte proportion de lithine qu'il contient (12 %). Le filon de Montebras a une étendue considérable.

Signalons encore à Montebras un filon de *pegmatite* formant un banc d'environ 300,000 tonnes. Une partie de ce filon est un sable blanc, propre à la fabrication du verre. L'autre partie est expédiée aux manufactures de faïence et de porcelaine.

La *Roche verte* (greisen ou hyalomicte de Montebras), est suceptible d'un beau poli. Des quantités importantes en sont extraites et expédiées à des marbriers.

Les gisements de *kaolin* et de *felspath* sont nombreux dans le département. Les plus importants sont ceux de Bonnefond, commune de Janaillat, de Mauchier commune de Bosmoreau, de Combauver, de Bois-Ménard, commune de Thauron, de St-Victor, de Clugnat.

Tous ces kaolins ont été reconnus par les manufacturiers de Vierzon et de St-Amand propres à la fabrication de la porcelaine.

Pierres précieuses. — Il existe à Montebras, au milieu des filons d'amblygonite, de belles veines de *turquoise*.

Eaux minérales. — L'usage des eaux thermales d'Evaux remonte à la plus haute antiquité ; ce fut sous le règne d'Auguste, raconte un historien du moyen-âge, qu'un prince gaulois, Duratius, bâtit les thermes d'Evaux. Ces bains eurent comme tous ceux fréquentés par les romains leurs splendeurs. Des mosaïques, des fresques, faites avec les plus beaux marbres d'Italie ont été découvertes au milieu des ruines de l'ancienne ville.

On a restauré ces fontaines romaines : elles sont au

nombre de neuf. La température des différentes sources varie entre 42° et 57° centigrades.

L'eau d'Evaux est *saline, sulfatée* et *silicatée nitreuse.* Voici d'ailleurs ce qu'elle renferme : beaucoup de sulfate alcalin, du chlorure de sodium, du phosphate alcalin, du carbonate de soude, de chaux, de magnésie, de strontiane, un peu de sel de potasse, de la chaux, de la lithine, de la magnésie, de l'alumine, du fer et du manganèse.

A Boisféru, commune de Linard, il existe une source d'eau ferrugineuse.

CHAPITRE III

LES VÉGÉTAUX

Parmi les 556,830 hectares qui composent la surface du département de la Creuse, 540,175 hectares représentent la superficie agricole et 16,655 hectares la superficie non cultivée.

La superficie agricole se décompose ainsi :

Terres labourables.	269.782 hectares.
Vignes.	15 —
Prés naturels.	67.542 —
Herbages permanents pâturés.	67.089 —
Bois et forêts	36.093 —
Vergers.	1.053 —
Jardins de plaisance et parcs	304 —
Total de la superficie cultivée.	441.878

La superficie non cultivée se décompose ainsi :

Landes, pâtis, bruyères, etc.	84.309 hect.
Terrains rocheux et de montagnes incultes.	11.552 —
Terrains marécageux	1.984 —
Tourbières.	452 —
Total de la superficie non cultivée.	98.297

Les céréales sont cultivées dans les proportions suivantes :

Froment : 18.468 h., dont le rend¹ moyen est de 17 hl. 5 à l'h.
Seigle : 92.822 h., — 15 hl. 5 —
Orge : ·3.731 h., — 17 hl. » —
Avoine : 20.383 h., — 21 hl. » —
Sarrazin : 17.525 h., — 18 hl. » —

Les principales autres cultures sont :

Pommes de terre : 22,157 hect , dont le rendement moyen est de 105 q₁ » à l'h.
Betteraves fourragères : 1,425 — 230 » —
Prairies ⎰ Trèfle : 18,746 — 54 4 —
artificielles. ⎱ Luzerne : 266 — 42 5 —
Fourrages annuels : 10,740 — 60 » —
Prairies temporaires : 1,400 — 50 » —

On cultive aussi sur une plus petite étendue des plantes industrielles comme le chanvre et le colza.

Les fruits sont dans la Creuse l'objet d'un commerce assez important. Les principaux arbres fruitiers sont : le châtaignier, le noyer, le cerisier. Dans le canton de Guéret la commune de Sainte-Feyre est justement renommée pour ses fruits à pépins.

Le climat ne se prêtant pas à la culture de la vigne, on n'a récolté en 1887 que 102 hectolitres de vin. Par contre, la culture des arbres à cidre se propage très rapidement. On récoltait 43.444 hectolitres de cidre en 1887, soit près de 5,000 hectolitres de plus que l'année précédente.

Tous les ans on ramasse dans le département de 70 à 75,000 kilogrammes de châtaignes, qui sont un aliment précieux pour l'engraissement des porcs.

Les principales essences des forêts sont : le pin sylvestre et l'épicéa, le chêne, le hêtre, l'orme, le bouleau et le châtaignier.

La flore sauvage du département est riche en espèces rares.

Pour en revenir à la culture, la vallée de la petite Creuse, une grande partie du canton de La Souterraine, une partie du canton de Chambon comprennent les terres les plus productives.

Depuis longtemps, la principale ressource de l'agriculture était dans les prairies naturelles. Mais la création des voies ferrées lui a donné une impulsion rapide. La chaux, le phosphate, sont devenus l'objet d'une importation considérable. Il ne faut donc pas s'étonner de ce que le département de la Creuse ait fait de beaucoup les progrès les plus rapides dans la culture des céréales, spécialement du froment.

Les prairies temporaires ont aussi pris une très grande extension et ont contribué pour une large part aux améliorations agricoles en augmentant la proportion de poids vif de bétail à l'hectare et par suite la quantité d'engrais indispensable à une culture plus productive.

Le petit cultivateur dans la Creuse est très économe : dès qu'il dispose de la moindre épargne, il l'immobilise aussitôt par l'achat d'une terre ou d'une prairie. C'est ce qui explique la grande valeur de la propriété dans le département.

Il existait anciennement à la Villeneuve, près de Vallières, une ferme école qui a rendu des services incontestables à l'agriculture locale. Il est question de créer une école pratique sur le territoire de la commune de Lépaud. Des subventions ont été accordées à cet effet par l'État et par le Conseil général dans sa session du mois d'août 1887.

CHAPITRE IV

LES ANIMAUX

Animaux domestiques. — D'après la statistique de décembre 1886, on compte dans le département :

7.840 animaux de l'espèce		chevaline.
120	—	mulassière.
7.536	—	asine.
184.021	—	bovine (taureaux, bœufs, vaches, etc.).
756.204	—	ovine (béliers, moutons, brebis, etc).
59.606	—	porcine.
12.314	—	caprine.

Les petits animaux de basse-cour sont représentés par 547,281 poules, 155,715 dindes, oies, canards, etc., et 78.519 lapins.

Les 457,599 moutons ayant subi la tonte ont fourni 755,038 kilogrammes de laine en suint.

Les 87,956 vaches laitières ont produit 771,833 hecto-litres de lait.

Enfin 31,384 ruches d'abeilles ont produit 109,814 kilogrammes de miel et 39,544 kilogrammes de cire.

La Creuse est essentiellement un pays d'élevage.

Pour l'espèce chevaline il n'y a pas de race spéciale. L'ancienne race limousine a complètement disparu. On élève dans le département des chevaux qui sont vendus au dépôt de remonte de Guéret pour l'approvisionnement des régiments de cavalerie légère.

Pour l'espèce bovine, la Creuse possède la *race mar-choise*, qui n'est qu'une variété de la race de la Loire (*bos taurus ligeriensis*). Sur les confins des départements de l'Indre et de l'Allier cette race est presque toujours croisée avec la race charolaise. Au contraire elle est croisée avec la race limousine dans les cantons limitrophes de la Haute-Vienne et de la Corrèze.

Presque tous les animaux de l'espèce ovine sont de la *race de Crevant*, qui, elle aussi, n'est qu'une variété de la race du Plateau Central (*ovis aries arvernensis*).

Les porcs sont de race celtique (*sus celticus*).

Les Animaux sauvages. — Les animaux sauvages sont encore assez nombreux dans la Creuse.

Les cerfs y ont disparu ; les chevreuils s'y font rares. Mais on y rencontre fréquemment le sanglier et le loup que protègent les vastes forêts du département. Les renards y pullulent.

Le blaireau, la belette, la fouine, le putois s'y trouvent un peu partout, sans compter l'écureuil qui dévaste trop souvent les semis de chênes et de châtaigniers.

Les vipères sont un véritable fléau pour le pays. On y voit aussi l'aspic, l'orvet, la couleuvre vulgaire, le lézard vert, le lézard gris, la salamandre, etc.

Les oiseaux de proie sont représentés par plusieurs espèces ou variétés : le milan, la buse, l'épervier, l'émouchet, le hibou, la chouette, le corbeau, la corneille et la pie.

Les chasseurs peuvent y poursuivre les lièvres de montagne et de plaine, le lapin de garenne, qui tend néanmoins à disparaître, décimé qu'il est journellement par le renard, le furet ou la maladie ; la perdrix rouge qui habite plus volontiers les bois et les montagnes, la perdrix grise qu'on rencontre plus souvent dans les champs cultivés et les plaines ; le râle de genêt qui passe en septembre, la caille, la grive, le merle, l'alouette, le pinson des Ardennes.

Signalons encore les oiseaux qu'on ne chasse guère qu'en hiver : la bécasse et la bécassine, l'oie sauvage, le canard, le vanneau, la poule d'eau, la sarcelle, etc.

Les Poissons. — Les rivières sont généralement très poissonneuses.

Elles donnent d'excellentes écrevisses dans les terrains calcaires.

Les truites abondent et sont l'objet d'une pêche assidue. On trouve encore le saumon dans la petite et la grande Creuse, la Gartempe et le Thaurion, l'ombrechevalier dans quelques rivières, surtout dans la Gartempe.

Le brochet, l'anguille, la carpe et la tanche se pêchent dans tous les étangs.

CHAPITRE V

INDUSTRIE ET COMMERCE

Industrie. — L'Industrie, sans être très répandue dans la Creuse, ne laisse pas d'y avoir une certaine importance.

Nous n'insisterons pas sur les petites industries locales telles que vanneries, tuileries, confection de sabots, fabriques de toiles, de draps, de couvertures, etc. On s'y livre à peu près partout.

La minoterie est assez prospère. Les moulins destinés à la consommation journalière se rencontrent à chaque pas le long des cours d'eau. Ceux qui travaillent pour le commerce et l'exportation sont plus rares. Citons parmi ces derniers ceux d'Aubusson, du Moutiers-d'Ahun, de la Celle-Dunoise, de Chambon.

La carrosserie est exercée particulièrement à Bourganeuf, Boussac, Guéret, St-Vaury.

Des ateliers des frères Favry, à La Souterraine, sortent chaque année une grande quantité de machines et d'instruments agricoles.

Signalons encore à Lavaveix une importante verrerie; à Guéret deux brasseries, et la bijouterie fondée en 1871 qui occupe 150 ouvriers ; enfin à Vieilleville une fabrique de saucissons.

Mais les deux grands centres industriels de la Creuse sont assurément Bourganeuf et Aubusson. Nous ne parlons pas de Felletin, qui n'est qu'une annexe de cette dernière.

Bourganeuf possède une fabrique de porcelaine, jadis très florissante et qui emploie encore aujourd'hui plus de 150 ouvriers — deux fabriques de papier occupant ensemble une soixantaine d'ouvriers et produisant annuellement près d'un million de kilogrammes de papier — huit chapelleries, occupant ensemble près de 300 ouvriers et fabriquant par an plus de 300,000 chapeaux d'une valeur approximative de 700,000 francs.

Aubusson de son côté possède plusieurs manufactures de tapisseries très anciennes et qui remonteraient aux Sarrasins, s'il faut en croire la tradition. Les principales appartiennent à MM. Jorand, Sallandrouze, Hamot et Cie, Braquenié et Bernaux. Elles occupent journellement environ quinze cents ouvriers. Par le choix des modèles et le fini de l'exécution, elles ont acquis depuis des siècles une renommée européenne et rivalisent avec Beauvais et les Gobelins. N'oublions pas de citer la famille Vergne qui excelle dans la réparation des vieilles tapisseries.

L'industrie *intellectuelle* est représentée dans le département par plusieurs imprimeries. Les journaux et publications périodiques qui sortent de ces presses sont :

L'*Echo de la Creuse*, l'*Union Républicaine*, le *Petit Creusois*, le *Courrier de la Creuse*, l'*Avenir de la Creuse*,. publiés à Guéret ;

Le *Petit Aubussonnais* et le *Mémorial*, publiés à Aubusson ;

Le *Chercheur*, à Bourganeuf ;

Le *Petit Centre* et le *Rapide*, à Limoges ;

L'*Abeille*, à Montluçon.

Commerce. — *Exportation.* — Le commerce extérieur n'atteint pas un chiffre d'affaires considérable. On exporte les houilles, les bestiaux, les chevaux, les laines brutes, les tapis, les chapeaux, le bois de chauffage, les fruits, le miel parfumé des montagnes, les fromages, le beurre.

Importation. — Le département importe tout ce que son sol ne peut lui donner : la chaux, les phosphates si utiles à l'agriculture ; le vin, la bière, les eaux-de-vie ; les livres, les confections, les objets de luxe tels que meubles, bijoux ; les articles d'horlogerie, etc.

CHAPITRE VI

FOIRES & MARCHÉS du DÉPARTEMENT

ARRONDISSEMENT DE GUÉRET

Ahun, 2e mercredi janvier, mercredi des Cendres, mercredi après la mi-carême, mercredi de Pâques, 4e mercredi mai, juin, 18 août, 4e mercredi et 2 septembre, 2e mercredi octobre, novembre, 4e mercredi, 2 décembre. *Marché aux grains les mercredis.*

Ajaïn, 18 janvier, 23 avril, 18 septembre et 23 novembre. *Marché mardi.*

Anzème, 28 février, 19 mai, 28 août, 24 septembre et 26 décembre.

Azérables, 15 de chaque mois. *Marchés 1er 3e et 4e mardis.*

Bonnat, 15 janvier, 15 février, 15 mars, 15 avril, 15 mai, 16 juin, 15 juillet, 14 août, 1er et 20 septembre, 15 octobre, 3 novembre, 8 décembre. *Marché mercredis.*

Brionne (la), 1er février et 22 novembre.

Bussière-Dunoise, 16 janvier, février, mars, avril, mai, juin, juillet, août, septembre, octobre, novembre, décembre, (cette dernière foire se tient le 15 quand le 16 et un dimanche. *Marchés mardis.*

Celle-Dunoise (la), 1er mai, 18 août.

Chambon-Ste-Croix, 10 février, 29 avril, 25 août.

Chapelle-Taillefert, 4 mars, 20 avril, 17 août, 4 décembre.

Chéniers, 20 avril, 8 juin, 10 août et le 1er lundi de Carême.

Cressat, 16 avril, 7 août, 9 novembre, 26 décembre.

Dun, 2e et 4e jeudis de chaque mois. *Marché jeudis.*

Fontaine-Pierre-Ladre, 14 août.

Fleurat, les 15 janvier, mai, 22 septembre.

Fresselines, 11 janvier, mai et septembre.

Gartempe, 6 février, et 1er septembre.

Glénic, 12 mars, mai, 25 juillet, octobre.

Le Grand-Bourg 2 et 25 janvier, 17 février, 2 et 17 mars, 17 avril mai juin, 2 et 26 juillet, 17 août, 11 et 26 septembre, 8 et 26 octobre, 17 novembre, 6 décembre.

Guéret, 1er et 3e samedis de janvier, février, mars, avril, mai, juin, juillet, août, septembre, octobre, 15 novembre, 17 décembre, (foires grasses.) *Marchés mardi, samedi.*

Jouillat, 10 février, 7 mai, 5 septembre.

Ladapeyre, 12 mai, septembre et novembre.

Lépinas, 13 avril et 12 août.

Linard, 27 avril et 20 août.

Lourdoueix-Saint-Pierre, 28 avril.

Maisonnisses, 1er janvier, 6 mars, 1er mai, 6 juin, 29 août, 15 octobre.

Malval, 11 et 30 novembre, 21 décembre.

Méasnes, 2e mercredi janvier et 12 octobre.

Montaigut-le-Blanc, 18 janvier, 16 février, 7 avril, 7 septembre, 18 octobre, 15 décembre.

Mourtroux, 1er mardi, après 9 mai, 27 septembre.

Moutier-Malcard, 4 mai, 26 novembre.

Naillat, 1ers lundi de mars, mai, septembre et décembre.

Noth, le 4 de chaque mois.

Peyrabout, 15 avril et 25 août.

Pionnat, les 27 avril, septembre et novembre. *Marchés les mardis.*

Roches, (commune de Saint-Vaulry), 22 juillet.

Saint-Aignant-de-Vercillat, 18 de chaque mois.

Saint-Etienne-de-Fursac, 5 et 19 de chaque mois.

Sainte-Feyre, 26 avril, 12 mai, 23 août, 29 octobre, 28 décembre.

Saint-Fiel, 4 mars, 1er mai, 18 août, 15 décembre.

Saint-Germain-Beaupré, 22 janvier, 23 avril, 30 septembre.

Saint-Hilaire-la-Plaine, les 7 mai et 22 novembre.

Saint-Laurent, 18 janvier, et 22 avril.

Saint-Léger-le-Guérétois, le lundi de Pâques, le 14 août, et le 26 décembre.

Saint-Maurice, 14 de chaque mois.

Saint-Priest-la-Plaine, 19 janvier et 19 décembre.

Saint-Sébastien, 20 janvier, 20 mars. 20 juin, et 20 août de chaque année.

Saint-Sulpice-le-Dunois, 8 mai, 8 septembre.

Saint-Sulpice-le-Guérétois, 15 février, 16 août.

Saint-Vaury, 8 et 21 janvier, 4 et 21 février, mars, avril, 22 mai, 21 juin, 31 juillet, 8 et 28 septembre, 21 octobre, 24 novembre, 21 décembre, *Marché mercredis.*

Saint-Victor. *Marché dimanches.*

Saint-Yrieix-les-Bois, 1er avril, 26 août, 10 novembre.

La Souterraine, 12 et 27 de chaque mois, (12 janvier et décembre foires grasses), 12 mai et 12 septembre (pour chevaux). *Marché mardis et vendredis.*

ARRONDISSEMENT D'AUBUSSON

Aubusson, 2e samedi de chaque mois. *Marché samedis.*

Auzances, 2e lundi de carême, mercredi mi-carême, mardi Quasim. 1er mai, 7 juin, 4 juillet, 11 août, 10 septembre, 13 octobre, 14 novembre, 1er mardi de décembre. *Marché mardis.*

Banize, 2 août, 7 septembre.

Bellegarde, 3 et 18 février, 3 avril et mai 4 et 18 septembre, et 2e jeudi de janvier, mars, juin, juillet, août, octobre et décembre. *Marché jeudis.*

Blessac, 1er mai et 3 octobre.

Borne (la), (commune de Blessac), 3 mars, jeudi après Pâques 23 mai, 3 juin.

Bussière-Nouvelle, jeudi après Pâques. 10 mai et 8 septembre.

Champagnat, les 15 janvier et mai.

Chavannat, les 1er février, 1er mai, 5 septembre, et 5 novembre. *Marché mardis.*

Chénérailles 5 de chaque mois, 20 janvier, février, mars, avril, mai, septembre, octobre et décembre, 3e lundi de juin, 20 juillet, lendemain de Noël, 25 août, 22 novembre, (grasse). *Marché vendredis.*

Courtine (la), 12 et 22 janvier, 1er mardi février, 3 et 16 mai, samedi mi-carême, lundi des Rameaux, jeudi de Quasim. 4 et 27 juin, 20 juillet, 12 et 27 août, 14 septembre, 9 et 22 octobre, mardi après St-Martin, 1er lundi décembre, 22 décembre. *Marché mardi.*

Crocq, 13 janvier, 1er lundi de carême, lundi de la Passion, 8 mars, 26 avril, 7 et 16 mai, 10 et 26 juin, 16 juillet, 18 août, 11 et 26 septembre, 12 octobre, 1er lundi après Toussaint, 16 novembre, 1er lundi de décembre. *Marchés lundis (depuis le 1er lundi de novembre, jusqu'au dernier lundi d'avril, ces marchés sont garnis de bestiaux et grains).*

Dontreix, le lundi qui suit le 17 janvier, le 15 juin, le lundi qui suit le 28 août et le 1er octobre.

Douleix, (commune d'Arfeuille-Châtain), 6 janvier et 28 sept.

Evaux 22 février, 22 avril, 2 juillet, 18 novembre. *Marché lundi (le 1er lundi du mois est pourvu de bestiaux de toutes espèces).*

Faux-la-Montagne, 10 févi ier, 21 janvier, mars, avril, mai, juin, juillet, août, septembre, et décembre, 9 septembre, 17 et 18 octobre, 18 novembre, *Marohé mercredi*.

Felletin, 1er vendredi de janvier, février, (chevaux), 2e, 4e et 6e vendredi de carème, 1er vendredi de mai, juin, juillet, août, septembre, octobre, novembre, décembre et 19 décembre. *Marchés vendredis*.

- Féniers, 30 janvier, 2 et 30 mars, 30 avril, mai, juin, juillet, août et septembre, 28 octobre, 30 novembre et décembre.

- Flayat, le 22 de chacun des mois de janvier, mars, avril, mai, juin, juillet, septembre, octobre, novembre et décembre, 6 février, 16 août.

Fontanières, 1er jeudi février, juin, 30 janvier, 15 mai, 28 août, 19 décembre.

Gentioux, 1er mardi de chaque mois.

Gioux, 10 mai, 17 août, 12 septembre, octobre.

La Chaussade, 7 janvier, 7 mai, 3 novembre.

Lavaveix-les-Mines, 1er lundi après le 17 janvier, mars, mai, et 3 décembre. *Marchés gras* 4e *jeudi de chaque mois. Marchés lundis et jeudis*.

La Villetelle (commune de La Celle-Barmontoise), le 15 janvier, 28 mai, 13 septembre et 10 novembre

- Lupersat, 6 janvier, 24 mars, 27 août, 17 novembre.

Magnat, 19 janvier, 7 février, 19 mars, 20 avril, 22 mai, (chevaux, mulets et autres bestiaux), 23 juin (laines et bestiaux), 15 juillet, 8 août, 22 septembre, 18 octobre, 25 novembre (foire grasse), 12 décembre.

Mainsat, 25 janvier, 21 février, 22 mars, 12 mai, 7 novembre et 21 décembre. *Marchés mercredis*.

Mautes, 25 janvier, 21 avril, 10 juin, 1er septembre, 11 novembre et 18 décembre (gras).

Mérinchal, 5 février, 25 mars, 24 avril, 1er juin, 13 août, 14 septembre, 30 octobre et 23 décembre.

Néoux, les 25 mars et 29 août.

Nouaille (La), 6 mars, 1er lundi de juin et septembre et 2 décembre.

Peyrat-la-Nonière, 29 janvier, 1ers septembre, octobre et 10 novembre et le lendemain de Noel.

Pigerolles, 15 avril, mai, septembre et octobre.

Saint-Domet, les 18 janvier, 8 septembre et 18 décembre.

Saint-Marc-à-Loubaud, 25 août et 1er octobre.

Saint-Merd-la-Breuille, les 1er janvier, mars, mai, juillet, 28 juin, 1er août et décembre, 2 novembre.

Saint-Michel-de-Vesse, 10 avril et septembre.

Saint-Sulpice-le-Donzeil, 29 avril, 14 août et 27 décembre.

Saint-Sulpice-les-Champs, 7 janvier, 7 mars, 7 avril, 7 mai, 9 juin, 28 août, 9 octobre, 26 novembre.

Saint-Yriex-la-Montagne, 7 août et 14 septembre.

Sannat, 1er février, 14 mai, 21 octobre et 18 décembre.

Vallières, 10 janvier, dernier jeudi de carnaval, 18 mars, 17 avril, 18 mai, juin, 13 août. 28 septembre, 15 octobre, 12 novembre, 18 décembre. *Marchés jeudis*.

Villeneuve (La) 1er janvier, 20 mars, 6 mai, 15 juin, 28 septembre, 8 novembre.

ARRONDISSEMENT DE BOURGANEUF

Arrènes, les 15 février, mai, septembre et décembre.

Aulon, 3 mars, 2 mai, 2 septembre et 3 décembre.

Azat-Châtenet, les 15 avril et octobre.

Bénévent, les 10 et 22 de chaque mois.

Bosmoreau, 1er lundi février, mai, décembre, 1er lundi après 29 août.

Bourganeuf, 1er mercredi et 29 janvier, 1er et 3e mercredi de février, mars. avril, mai, 1er mercredi et 26 juin, 1er et 3e mercredi de juillet. août. septembre, octobre, novembre et décembre. *Marchés mercredis.*

Ceyroux, 4 février et 20 décembre.

Châtelus-le-Marcheix, 3 janvier, février, mars, avril, mai, juin, juillet. août, septembre, octobre, novembre et décembre. *Marchés 3e mardi de janvier, février, mars et juin.* .

Janaillat, 14 janvier, 2 mars, 3e mardi de mai, 14 août et 2 novembre.

La Chapelle-Saint-Martial, 24 février, lundi de Pâques, 11 août.

Monteil-au-Vicomte, 28 janvier, 26 février, 28 mars, avril, mai, juin, 31 juillet, 16 août, 3e mercredi de septembre, 28 octobre, 29 novembre, 28 décembre.

Morterolles, les 3 janvier, mai et septembre.

Mourioux, 19 janvier, février, mars, mai, septembre, et novembre.

Pontarion, 12 janvier et mai, 3e jeudi de février, mars et juin, 4e jeudi de juillet, 7 septembre. *Marchés les lundis.*

Royère, 2e mardi de chaque mois. *Marchés les mardis.*

Saint-Dizier, 1er vendredi de janvier, février, avril, mai, juin, août, octobre, novembre, décembre, 16 mars et 9 septembre.

Saint-Georges, 17 janvier, 1er mars, 22 avril, 23 mai, 15 juin, 29 juillet, 19 août, 16 septembre, 31 octobre, (cette foire se tient le 30 quand le 31 est un dimanche) et 6 décembre.

Saint-Gousseaud, 6 mai, juin et septembre

Saint-Hilaire-le-Château, les 10 janvier, 14 mars, 5 mai, juin août et 14 octobre.

Saint-Martin-Château, 2e jeudi de mars, 1er mardi d'avril, mai, septembre, octobre et novembre.

Saint-Martin-Sainte-Catherine, 28 mars, mai, septembre et novembre

Saint-Moreil, 2e jeudi de chaque mois.

Saint-Pierre-le-Bost, 4 septembre.

Sardent, 4 février, 7 mars, 18 avril, 2 juin, 30 juillet, 24 août, 23 psetembre, 8 novembre, 8 décembre.

Thauron, 13 mars, 16 juin, 4 août, 9 novembre.

Vidaillat, 3e mardi de mars, mai, nove.bre, 1er mardi de septembre.

Vieilleville, commune de Mourioux, foire grasse le 19 décombre.

ARRONDISSEMENT DE BOUSSAC

Bord-Saint-Georges, 13 avril, 13 août et 13 octobre.

Boussac, 1er jeudi de chaque mois, 1er jeudi d'août pour les chevaux, 20 novembre (foire grasse). *Marchés, lundis et jeudis (les jeudis de juin et juillet pour les laines, jeudis et lundis d'octobre et novembre pour les châtaignes).*

Chambon, 3ᵉ mercredi de chaque mois, mercredi avant Pâques, 14 février, 18 mai, 12 septembre, 27 octobre et 9 décembre. *Marchés mercredis.*

Châtelus-Malvaleix, 13 et 28 janvier, 3ᵉ vendredi de février, 7 et 23 mars, 29 avril, 3ᵉ vendredi de mai, 9 juin, 1ᵉʳ vendredi de juillet, 1ᵉʳ août, 14 septembre, 2ᵉ vendredi d'octobre, 7 novembre, 13 et 29 décembre. *Marchés vendredis.*

Clugnat, 14 avril, 1ᵉʳ lundi de septembre et 10 décembre. *Marchés mercredis.*

Domeyrot, 14 février, 21 avril, 30 novembre.

Genouillac, 1ᵉʳˢ mardis de mai et juin, 1ᵉʳ mars et 7 septembre. *Marchés dimanche.*

Gouzon, 8 janvier, 3 février et 11 novembre (foires grasses). *Marchés 2ᵉ et 4ᵉ lundis de chaque mois (grains, bestiaux etc., bêtes à laine aux mois. de mai et juin).*

Jarnages, 22 janvier, dernier jeudi de février, mars, avril, octobre, décembre, 2ᵉ jeudi de mars, 2 mai, 12 août, 30 septembre et 6 décembre. *Marchés lundis et jeudis.*

Lépaud, 19 janvier, lundi de Pâques, 11 juin, 17 août et 25 novembre. *Marchés vendredis.*

Lussat, 6 mai et 6 septembre.

Saint-Loup, *marchés samedis.*

Saint-Paul, commune de Tercillat, 2 juin.

Nouhant, 1ᵉʳ janvier, 18 avril,

Nouzerines, 13 avril et 11 décembre.

Nouziers, 23 avril, 2 novembre.

TABLEAU DES COMMUNES

DU DÉPARTEMENT

Par arrondissement et par canton

4 ARRONDISSEMENTS — 25 CANTONS — 266 COMMUNES

ARRONDISSEMENT D'AUBUSSON

Canton d'**Aubuson** (11 communes) : Alleyrat, Aubusson, Blessac, La Rochette, Néoux, Saint-Amand, St-Alpinien, Saint-Avit-de-Tardes, Saint-Maixant, Saint-Marc-à-Frongier, Saint-Pardoux-le-Neuf.

— d'**Auzances** (11 communes) : Auzances, Brousse, Bussière-Nouvelle, Chard, Châtelard, Dontreix, Le Compas, Les Mars, Lioux-les-Monges, Rougnat, Sermur.

— de **Bellegarde** (9 communes) : Bellegarde, Bosroger, Champagnat, La Chaussade, Lupersat, Mainsat, Mautes, Saint-Domet, Saint-Silvain-Bellegarde.

— de **Chénérailles** (11 communes) : Chénérailles, Issoudun, La Serre-Bussière-Vieille, Le Chauchet, Lavaveix-les-Mines, Peyrat-la-Nonière, Puy-Malsignat, Saint-Chabrais, Saint-Dizier-la-Tour, Saint-Médard, Saint-Pardoux-les-Cards.

— de **La Courtine** (10 communes) : Beissat, Clairavaux, La Courtine, Le Mas d'Artige, Le Trucq, Magnat-l'Etrange, Malleret, Saint-Martial-le-Vieux, Saint-Merd-la-Breuille, Saint-Oradoux-de-Chirouze.

— de **Crocq** (14 communes) : Basville, Crocq, Flayat, La Celle-Barmontoise, La Mazière, La Villeneuve, Mérinchal, Pont-Charraud, Saint-Agnant, Saint-Bard, Saint-Georges-Nigremont, Saint-Maurice, Saint-Oradoux, Saint-Pardoux-d'Arnet.

— d'**Evaux** (9 communes) : Arfeuille-Châtain, Chambouchard, Charron, Evaux, Fontanières, Reterre, Saint-Julien-la-Genête, Saint-Priest, Sannat.

Canton de **Felletin** (9 communes) : Croze, Felletin, Moutier-Rozeille, Poussanges, Sainte-Feyre-la-Montagne, Saint-Frion, Saint-Quentin, Saint-Yrieix-la-Montagne, Vallières.

— de **Gentioux** (8 communes) : Faux-la-Montagne, Féniers, Gentioux, Gioux, La Nouaille, La Villedieu, Pigerolles, Saint-Marc-à-Loubaud.

— de **Saint-Sulpice-les-Champs** (11 communes) : Ars, Banize, Chamberaud, Chavanat, Fransèches, Saint-Avit-le-Pauvre, Saint-Martial-le-Mont, Saint-Michel-de-Veisse, Saint-Sulpice-le-Donzeil, Saint-Sulpice-les-Champs, Sous-Parsat.

ARRONDISSEMENT DE BOURGANEUF

Canton de **Bénévent-l'Abbaye** (10 communes): Arrènes, Augères, Aulon, Azat-Châtenet, Bénévent-l'abbaye, Ceyroux, Châtelus-le-Marcheix, Marsac, Mourioux, Saint-Goussaud.

— de **Bourganeuf** (13 communes) : Auriat, Bosmoreau, Bourganeuf, Faux-Mazuras, Mansat, Mérignat, Montboucher, Saint-Amand-Jartoudeix, Saint-Dizier, Saint-Martin-Sainte-Catherine, St-Pierre-Cherignat, Saint-Priest-Palus, Soubrebost.

— de **Pontarion** (10 communes) : La Chapelle-Saint-Martial, Janaillat, Pontarion, La Pouge, Saint-Eloi, Saint-Georges-la-Pouge, Saint-Hilaire-le-Château, Sardent, Thauron, Vidaillat.

— de **Royère** (8 communes) : Le Monteil-au-Vicomte, Morterolles, Royère, Saint-Junien-la-Brégère, Saint-Martin-Château, Saint-Moreil, Saint-Pardoux-Lavaud, Saint-Pierre-le-Bost.

ARRONDISSEMENT DE BOUSSAC

Canton de **Boussac** (13 communes) : Bord-Saint-Georges, Boussac, Boussac-Bourg, Bussière-St-Georges, Lavaufranche, Layrat, Malleret, Nouzerines, Saint-Marien, Saint-Pierre-le-Bost, Saint-Silvain-Bas-le-Roc, Soumans, Toulx-Sainte-Croix.

— de **Chambon** (11 communes) : Auge, Budelière, Chambon, Lépaud, Lussat, Nouhant, Saint-Julien-le-Châtel, Saint-Loup, Tardes, Verneiges, Viersat.

Canton de **Châtelus-Malvaleix** (10 communes) : Bétête, La Cellette, Châtelus-Malvaleix, Clugnat, Genouillac, Jalesches, Nouziers, Roches, Saint-Dizier-les-Domaines, Tercillat.

— de **Jarnages** (12 communes) : Blaudeix, La Celle-sous-Gouzon, Domeyrot, Les Forges, Gouzon, Gouzougnat, Jarnages, Parsac, Pierrefitte, Rimondeix, Saint-Silvain-sous-Toulx, Trois-Fonds.

ARRONDISSEMENT DE GUÉRET

Canton d'**Ahun** (11 communes) : Ahun, Cressat, Lépinas, Maisonnisses, Mazeirat, Moutier-d'Ahun, Peyrabout, Pionnat, Saint-Hilaire-la-Plaine, Saint-Yrieix-les-Bois, Vigeville.

— de **Bonnat** (13 communes) : Bonnat, Chambon-Sainte-Croix, Champsanglard, Chéniers, La Forêt du Temple, Le Bourg-d'Hem, Linard, Lourdoueix-Saint-Pierre, Malval, Measnes, Mortroux, Moutier-Malcard, Nouzerolles.

— de **Dun** (13 communes) : La Celle-Dunoise, La Chapelle-Baloue, Colondannes, Crozant, Dun, Fresselines, Lafat, Maison-Feyne, Naillat, Sagnat, Saint-Sébastien, Saint-Sulpice-le-Dunois, Villard.

— du **Grand-Bourg** (7 communes) : Chamborand, Fleurat, Le Grand-Bourg, Lizières, Saint-Etienne-de-Fursac, Saint-Pierre-de-Fursac, St-Priest-la-Plaine.

— de **Guéret** (13 communes) : Ajain, La Chapelle-Taillefert, Glénic, Guéret, Jouillac, Ladapeyre, Saint-Christophe, Sainte-Feyre, Saint-Fiel, Saint-Laurent, Saint-Victor, La Saunière, Savennes.

— de **Saint-Vaury** (9 communes) : Anzême, La Brionne, Bussière-Dunoise, Gartempe, Montaigut-le-Blanc, Saint-Léger-le-Guérétois, Saint-Silvain-Montaigut, Saint-Sulpice-le-Guérétois, St-Vaury.

— de **La Souterraine** (10 communes) : Azerables, Bazelat, Noth, Saint-Agnant-de-Versillat, Saint-Germain-Beaupré, Saint-Léger-Bridereix, Saint-Maurice, Saint-Priest-la-Feuille, La Souterraine, Vareilles.

TABLEAU DES VILLAGES

DU DÉPARTEMENT

Par arrondissement, par canton et par commune.

ARRONDISSEMENT D'AUBUSSON

Canton d'Aubusson

Commune d'Alleyra'. — La Chaud, Chez-Gorsse, Chez-Pradeau, La Couture, Grand-Moulin-d'Alleyrat, Laubart, La Madière, Le Milliautru, Méoze, Le Montel-Planet, Le Moulin-d'Alleyrat, Le Moulin-du-Get-Barbat, Le Petit-Cubeyrat, La Ribière, Ourdeaux, La Salesse, La Vaureille.

Commune d'Aubusson. — L'Arbre-de-la-Veirge, Chabassière, Frongier, Le Got-Borbat, La Grange, Les Granges, La Grave, La Villatte, La Lune, Le Marchedieu, Le Marcillat, Le Moulin-Grand, Le Mont, Le Prétaubourg, Randonnat, La Rebeyrette, La Seiglière.

Commune de Blessac. — Le Barbary, La Borderie, Les Bordes, La Borne, La Boulerie, Les Brugeaudenis, La Chaumière, Les Courrières, La Faurie, La Forêt, La Maison-Neuve, La Martelade, Sagnas-Soubrenas, Thédes, La Ville-du-Bois.

Commune de La Rochette. — Chabaneix, La Chave, Ceyvat, La Chirade, Courcelles, L'Etang, Lioreix, Luche, Manegraux, Meillard, Moulin-de-la-Chave, Le Pont, Praredon, Puylivat, Puy-Mercier, Rochemouron, Satagnat, Serras, La Vignolle.

Commune de Néoux. — Bas-chez-Tanel, Le Bezut, Le Bost, La Bregère, Le Breuil, Bujassier, Bussières, Chambragne, La Chezotte, Chez-Tarel, Chirat, Clureix, Congalant, Congoussat, Engaudeix, Le Goudeix, Larboureix-Mazière, Margouleix, Le Mazeaux-Blanc, La Mazière, Meanas, Le Montreix, Le Moulin-de-Bussières, Le Moulin-de-chez-Tarel, Le Noueix, La Planche, La Prade, Quioudeneix, Rebeyry Seauve, Sidoux, Soubrenas, Le Vert, Vervialle, Vialleix, La Villatte.

Commune de Saint-Alpinien. — Le Bacaud, Bagnard, La Chaumette, Chez-Rouchou, Chez-Sandillon, La Combe,

Le Crouzat, Le Grimaudeix, Lachamps, Maisounioux, Martineix, Mazelon, Montépioux, Montignat, Le Noueix, Planet, Le Poirier, Puyboube, Saint-Rapt, Tafateix, La Vedrenne, Vieillasfont.

Commune de Saint-Amand. — Chambrun, Le Courtioux, La Feulie, Le Fot, Lavaud, Le Liéras, Poux, Rebeyrolle, La Vergne.

Commune de Saint-Avit-de-Tardes. — Buffeix, Chassaincheval, Chaumeix, Chaussadisse, Le Chet, Conget, Lacaud, Loudeix, Montmaud, Le Pont-du-Chet, Les Poux, Prondessagne, Les Roches, Tardes, La Taverne, Teiteix, Tordeix, Varillas, Les Vergnes.

Commune de Saint-Maixant. — La Bussière, Chaussidoux, Cubeyrat-le-Grand, La Faye, Juchefaux, Le Mazeau, Méozette, Le Montant, Le Montmary, Mouillères, La Prade, La Pradelle, Le Prat, La Salesse, La Vallette.

Commune de Saint-Marc-à-Frongier. — L'Arbre du Cocu, Cauze, Le Bichaud, Chambroutière, Chameyroux, Château de Saint-Marc, La Chaud, Congre, Farges, La Genête, La Goutelle, Margnat, Mergoux, Le Monteil, Montrujas, La Valette, Villescot, Vibrac.

Commune de Saint-Pardoux-le-Neuf. — Bareix, La Borde, Bufoulière, La Chassagne, Chaussidoux, La Croix-de-la-Vedrenne, Epsat, Montsalard, Moulin-de-Valeix, Peirat, La Planche, Les Vergnes.

Canton d'Auzances

Commune d'Auzances. — Caux, Courleix, Coux, Fontbouillant, Les Grandes-Forges, La Grange, Le Lièvre, La Mérodie, Le Monsnergue, Le Moulin-Cagnol, Moulin-Casset, Le Moulin de Courleix, Le Moulin des Rambeaux, Moulin-Pacton, Le Moulin-Pointu, Les Petites Forges, Le Pont-du-Cher, La Roline.

Commune de Brousse. — Château-de-Brousse, Les Chaumes, Chez-Pichot, Les Chiroux, Le Prut, Le Puy.

Commune de Bussière-Nouvelle. — Blavepeyre, Coudeteix, Groslière, La Rubière, Villevaleix.

Commune de Chard. — Les Bariteaux, Bességude, Le Chassaing, Chez-Boudeau, Echanne, La Champ, La Marche, Les Métayères, Les Mongoueix, Les Monts, Muraneau, Les Nottes, Le Redondet, Rensarcix, Le Riche, Roussine, Trebeix, Les Vergnes, Les Verts, Villesauveix.

Commune du Châtelard. — Le Châtelard.

Commune de Dontreix. — Beaulieu, Bordesoule, Brayes, La Carte-Deix, Carte-Jarrige, Le Chabrat, Chambary, Chassignolle, Le Chauchady, La Chaumette, Les Chazeaux, Cherpozat, Chevillade, Les Corrioux-d'en-Bas, Les Corrioux-d'en-Haut, Le Coudert, La Cubière, Frédeval, Gibreix, Les Girodonne, Grammont, Les Grands-Triomps, Haute-Serre, Les Bériaux, Malganne, Manérol, La Marzelle, Le Mas, Matrône, Les Mounérix, Orsange, Parazeix, Parleix, Pérol, Pouchol, Pradeux, Le Replat, La Siette, Valleron, La Vedrine, Villemaloux, Le Vintéol.

Commune du Compas. — Auzancettes, Le Chassin, Le Chez-la-Coude, Le Chezozore, La Chirade, Le Couyaux-L'Etang, Ferrachat, Les Jarrasses-Basses, Les Jarrasses, Hautes, Lavaud-Blanche, Lavaud-Chaussade, Lavaud-Pellère, Lavaud-Vieille, La Mane, Le Moulin-des-Jarrasses, Neuvialle, La Planche, Prunevieille, Secondat, Le Theil, Les Vergnes-Basses, Les Vergnes-Hautes, Villetourteix.

Commune des Mars. — Barnicaud, Beaulieu, Les Chaizes, Chez-Carry, La Chezotte, Chez-Redon, Les Coursières, L'Etrade, Dioulidoux, Dondanette, La Faye, Goudonneix, Les Guérennes, Guincbaudeix, Marcillas, Le Montaud, Le Montfoulet, Montgourg, Tronchevent.

Commune de Lioux-les-Monges. — La Côte, La Croix-Neude, Le Mas d'Epinioux, Montel-au-Temple, Parade, Le Pêcher, Le Pont, Sagneau-Freisse, Troupine.

Commune de Rougnat. — Bartouénas, Le Beaufret, Beauretour, Le Betz, Le Boueix, La Bussière, Casimobert, Chabouteix, Chamassergue, Charausseix, Châteaux-Bodeau, Chauneix, La Chaux-Bourdu, La Chaux-Fonty, Cheix, Cheizet, Le Courtioux, Les Coutignolles, Cujasseix, Douleaux, L'Etrade, Le Fraux, Jassoux, Lépinard, Magnanon, Marcillat-Calamy, Le Mas, La Mazière, Le Monteillis, Le Montfumat, Le Moulin-de-la-Mane, Le Moulin-Neuf, Le Peger, La Porte, Le Puyrigaud, La Rassade, Saillant, Le Soup, Trapas, Les Vergnes, Vialleix, Villebesseix, Villechereix.

Commune de Sermur. — Beaulon, Beauregard, La Chassagne, Chaupeyre, Chez-Rouchon, Le Cluzeau, Le Cluzet, Les Corrières, Grave, Laborie, Lachaze, Lacombe, Lagroslière, Larbouhère, Lavaud, Liberteix, Le Masvier, Les Mazeaux, Roudeleix, Terrut, Les Vallettes, La Villatte, Le Zat.

Canton de Bellegarde

Commune de Bellegarde. — Clermontel, Puy-Roche.

Commune de Bosroger. — Blanderette, Blandière, L'Etang, Larbeyrette, Léon-le-Franc, La Mazière.

Commune de Champagnat. — Beauvais, Belleteix, La Bourderie, Le Brugeaud, Les Bruges, Chabredier, Chanet, Chantagrioux, Chapoulady, La Châtre, La Chaudure, La Chaze, Cheix, Chez-Bourny, Chez-Gorsse, Chez-la-Vergeade, Chez-Mafrand, Chez-Paillard, Les Corrades, Le Deveix, Epinasse, Fournoux, Le Foussat, Fretel, Gouzat, La Jonchère, Malleteix, Mazembaud, Montelladone, Montely, Mourgoux, Peyrudes-Basses, Peyrudes-Hautes, Peyrudette, Pont-de-Bas, Pont-de-Haut, La Prade, Puy-de-Mergue, La Ramelle, La Reberie, Redouillat, La Ribière, La Roche, Seauve.

Commune de La Chaussade. — Babonneix, Blandière, La Busserette, La Croix-de-la-Fortune, L'Etang, La Fayolle, Juchefaux, Le Maizounioux, Le Monteil, Le Rechautier.

Commune de Lupersat. — Bardet, Bénevent, Besse, Le Bouchereau, Le Boueix, Le Chamauleix, Chaudemaison, Chaux, Chez-Latour, Chez-le-Besout, Chez-le-Maux, La Chezotte, Condeau, Cornemule, Croizet-Chevalier, Croizet-Linard, Erolas, Erouletas, Fougerolle, Génétine-Basse, Génétine-Haute, Gioux, Goumont, Lavaud-Graton, Levert, Le Marembeau, Montcorps, Le Monteau, Le Monteil-Brugnet, Montfranc, Moulin-de-Condeau, Moulin-de-Lavaud, Moursoux, Poumerol, Puy-Bargeron, La Ribière, Ronnet, La Ruas, Seoncix, Solignat, Sumades, Tardes, Terre-Noire, Théolet, Vaud, La Vergne, La Vergne-Bargeron, Villocette, La Villatte, Villejeanne.

Commune de Mainsat. — Les Ayaloux, Basgros, Bellevue, Le Breux, La Caborne, Caoust, Chagot, Chaises, Champ-Trifaud, La Chapelle, Charaise, Chassidouze, Château-Gaillard, Chez-Bramour, Chez-Burtaud, Chez-Vignaud, Le Chirade, La Chomette, Les Chomettes, Les Clozeaux, La Cluzeau, Le Cluzeau-Boyer, Courtiat, Courtieyc-les-Graules, Courtitaras, La Croix-Verte, Croizet-Maillary, Eculneix, Faud, La Faye, La Forêt, Four, Fouragaie, Fraisse, Gasnon, La Grange, Les Graves, Labesse, Labrot, Legrat, Machaboueix, Maison-Rouge, Le Mont, Monteige, Montgrenier, La Nouzière, Pellevoisin, Poites, Poux, Pradas, Pradette, Rebeyrix, Redontaud, Rouchaud, Sibioux, Soubrebost, La Vaisse, Vaurenne, Villebot, Villefumade, Treix, Zegaudi.

Commune de Mautes. — Ayrat, Barmont, Le Boisquériaux, Le Bournazeau, Le Breuil, Le Breuillet, La Caux, La Chassagne, La Chaume, La Chaux, Cher-du-Theil, Chez-Chabaud, Chez-Gaudet, La Côte, Les Courcelles, Les Farges, Les Fourches, Les Garennes, La Gorse, La Mont, Le Mouchon, Le Moulin-Croizet, Le Moulin-de-Barmont, Nalléchard, La Nivelle, Outrelaigue, Le Pâtural-des-Eaux, Le Riolet, Saint-Jacques, Sannes, Le Theil, Villevaleix.

Commune de Saint-Domet. — L'Arbre, Bellegy, Les Boueix, Les Chapelettes, Chatain, Le Chez, Chez-Baboux, Chez-Bujard, Chez-Chavet, Chez-Franc, Chez-Lacour, Chez-Lionnet, Chez-Maud, Chez-Pinton. Chez-Varoche, La Croix-au-Bost, La Croix-de-l'Arbre, Denaufeix, Fontarinailles, La Gravelle, Montgaudon, Le Prieuret, La Ribière, Rogue, Sermensanne, Villecroux.

Commune de Saint-Silvain-Bellegarde. — Bagnard, Barraque-du-Bois, Les Barris, Les Bierges, Buxerette, Le Chassain, Chez-Antorgne, Chez-Aufaure, Chez-Barat, Chez-Bardy, Chez-Bourny, Chez-Geline, Chez-Livet, Chez-Lucet, Chez-Marlière, Chez-Mursolle, Chez-Sauvanot, Chez-Taverne, Chez-Villatte, Farge-Genival, Le Faux, Flottard, Lafont-la-Vialle, Maisonneix, Malleret, Mandonneix, Le Mas, Le Montgeteix, Le Mont, Le Moulin-Tixiers, Le Petit-Rimareix, La Pradelle, La Ribière, Sanegrand, Les Trois-Ponts.

Canton de Chénérailles

Commune de Chénérailles. — Basse-Malgane, Châtelard, Les Granges, Haute-Malganne, Le Janot, La Maison-Rouge, Peyrusse, Pompeix, Le Trésorier, Vogueix.

Commune d'Issoudun. — La Chassagne, Chiron-Poty, La Côte, La Cour, Couret, Crouzat, L'Etang-des-Moines, Fontanas, Grande-Maisonneuve, Haute-Faye, Marsannet, Le Mas, Montmarlière, Montmonin, Petite-Maison-Neuve, Planchat, Samondeix, Savignat, Les Trieix, Trimoulines, Vallansanges, Vaveix, La Viergne, Villadier, Villemarmy, Villeneille, La Villette.

Commune de la Serre-Bussière-Vieille. — Les Andrièves, Les Bais, Briant, Buxerolles, Chaux, La Combe, Le Compas, Le Corrigier, Le Four, Fravard, Gioux, Gonax, Joueix, Le Mazeau, Meanas, l'Or, Planchat, Roche, Saudet, Thaury, Teillaufort, La Villette.

Commune du Chauchet. — Le Betoux, Le Breuil, Bussière, Cherchaux, Les Farges, Les Iles, Mazat, Le Moulin-des-Forges, La Salle, La Valette, La Villetelle.

Commune de Lavaveix-les-Mines. — Lavaveix-les-Mines.

Commune de Peyrat-la-Nonière. — Angly, Arcis, Les Auberts, Bonheu, Les Boueix, Boussa-les-Chats, Chassagne, Châteaux-de-Chiroux, Château-de-Mazeau, Château-de-Voreille, Chaux, Chénénaud, Le Clos, Combord, Epys-la-Voreille, La Foudras, Le Fraisse, Le Fressenède, Le Guet, Haute-Serre, Jouannet, Lacroix, Laporte, Luzier, Mazau, Marzet, La Mazère, Le Mont-Mal-Avizat, Le Moulin-de-Charteron, Le Nat, Le Petit-Combord, Ravayat, Reboulles, Vauzelles, Violet, La Virolle, Voreille, Vouèze.

Commune de Puy-Malsignat. — Le Bernardeau, Les Boueix, La Cata, Haute-Serre, Jeansannet, Lavergne, Margeleix, La Sillade-Haute.

Commune de Saint-Chabrais. — Balzines, Bouchezi, Le Bourgnon, Champegeix, Chassagne, Cotellettes, Etangsannes, Haute-Serre, Joux, Lauvières, Lazaire, Malleret, Marlanges, Meyrolles, Mont-Berger, Mont-Couyaux, Peyroux-Boucix, Peyroux-Château, Peyroux-Vieux, Rebeyrette, Ribière, Stiargnes, Trotoly, Ville-du-Bois, Virolles.

Commune de Saint-Dizier-la-Tour. — Busserolles, Les Chaises, Champagnole, Château-d'Orgnat, Châtelus, La Faye, Les Marlands, La Mirande, Montbrenou, Moulin-des-Viges, Orgnat, Ponty, Tour-Saint-Austrille, Les Viges.

Commune de Saint-Médard. — Chadiéras, Courbariaux, Empeau, Fontanard, Fourneaux, Mazaubouvier, Monteil-Robillon, Murat, Le Muratet, Palier, Perpirolles, Plagne, Le Saillant, Vaurousset, Villemigoux.

Commune de Saint-Pardoux-les-Cards. — Bertignat, Biorat, La Borde, Bourlat, La Bussière, La Chassagne, Château-de-Villemonteix, Coudourson, Doulevade, Ecurat, Essuis, Fontigier, Fressigne, La Grenouillère, Margnat, Le Mont-Gapier, Mornat, Vallaire, Villemonteix.

Canton de La Courtine

Commune de Beissat. — La Besse, La Chaize, Le Cher, Les Delavallades, Foulenoux, La Jugie, Lair, Larcenoux, Maillat, Le Mas, Méasnes, Murat, Les Tissiers, Toureix, La Vergne, Viers.

Commune de Clairavaud. — Abha, Au Pont, Beauvy, Branges, Concheresse, Les Gasnes, Lamornaix, Laveix, Linard, Louzelorgue, Maindrin, Martagoulles, Moulin-du-Peyrat, Moulin-du-Soulier, Moulin-Rouge, Raynaud, Le Rieux, Le Soulier, Teix.

Commune de la Courtine. — Besseresse, Le Châtaignier, Le Cros-Charpaud, La Daigue, La Gane, Grattadoux, Hume-Grand, Hume-Petit, Lau, Laval, Lavial, Lombarteix, Le Petit-Breuil, Réjasse, St-Denis.

Commune du Mas d'Artige. — L'Artige, La Barbaud, Crépiat, Le Gaudeix, Le Marceleix, Le Mas-Soubre, Le Paumet, La Vialle, Villefert.

Commune de Trucq. — Le Bois-du-Suc, Echoron, La Faye. Les Fonds-Galants, Le Grand-Breuil, Le Plafait, Soudeix, Trugnet.

Commune de Magnat l'Etrange. — Bartuand, Beaure-gard, Le Bois-du-Suc, Le Bost, La Chaudrue, La Chérie, Chez-Prieuret, Cherboucheix, Les Condamines, Croix-de-Lavaud, Espinasse, Gaschard, Gué-d'Amour, Louches, Mansouleix, La Marc-Rouge, Le Mas, Mas-Gâteau, Le Mazet, Nouaillat, La Plaine, Polageix, La Ribière, Solignat, Trasleprat, Ventejoux, Vergne-Redonde.

Commune de Malleret. — Boulareix, Chez-Cone, Chez-Longet, Combe-Chane, Galmaud, La Gane, Moulin-de-la-Brousse, Les Nieilles, Pradal, Puy-Chevrol, Sigouzat, La Vedrenne, Vergne-Noire.

Commune de Saint-Martial-le-Vieux. — Amarot, Bapti fois, Les Barraques, Beauregard, Bécharias, Le Bord, Champ-de-Fuset, La Chassagnade, Châtauvert, Chez-Civade, La Clidière, Côteau-Bourdeix, Le Deveix, La Fauconnèche Le Friodet, Les Gioux, Laval, Le Mont, Moulin-de-Cha-moureix, Les Ortiaux, Les Plateaux, La Ribe, La Roche, Rozier, Sarsoux, Savarzeix, Vassivière, Vintéjoux, La Voute.

Commune de Saint-Merd-la-Breuille. — Anche, L'Ar-feuille, Les Barlauds, La Barre, Bassureix, Le Bessaud, Le Best, La Bonnevieille, La Bourdasse, Bourreix, La Breuille, Les Caillades, Chabanne, Champsel, Les Crouseix, Farioleix, Fontanaliots, Fréchamps, Gourceix, Les Gran-ges, Haut-Besse, Jouadioux, Le Lavany, Manoux, Le Mas, La Mazergue, Moas, Mont-Busson, Moulin-Landrieux, La Nouzière, Péalvery, Pierrefitte, La Prade, Quatre-Vents, Ransignat, Le Reix, Le Sousoureix, Le Vaudeix.

Commune de Saint-Oradoux-de-Chirouze. — Les-Allys-d'en-Bas, Les Allys-d'en-Haut, Auvialle, Les Biaux, Cour-téjoux, La Croix-Longue, Le Cros-Imbert, La Gane, Le Léonet, Méouze, Le Mont, Les Mottes, Les Mounières. Le Mourey, Planchat, Pralong, Ransigeat, Rouet, La Vedrenne.

Canton de Crocq

Commune de Basville. — Baume, Les Chaumettes, Le Chez, Le Chez-le-St-Alvard, Dimpoux, Farges, Les Hui-lards, Larfeuille, Laudeux-Couturier, Laudeux-Pialoux,

Lavaudemergue, Le Layris, La Mazerette, La Mazière,
Moulin-du-Layris, Pindogne, Pompignaguet, Pompignat,
Saint-Alvard, La Vilatte.

Commune de Crocq. — Les Bourgnons, Chez-Pilat, Le
Commandeur, Les Corades, Cote-Bertrand, Les Granges-
Banelles. Les Granges-Ménadon, Laval, Monteil-Guil-
laume, Moulin-de-chez-le-Sellier, Naberon, Point-du-Jour,
Les Terailloux, Le Theilloux.

Commune de Flayat. — Bassonaud, Ceitareix, Le Ceux,
Chez-Sauty, Chicheix, Le Chier, Combe-Verte, Coulignat,
Coulignège, Daloubeix, Dissidoux, Doumareix, L'Ecluse,
L'Epinassole, Foreix, Gervais, Laborie, Manaly, Manou, Le
Mas, Le Montfranc, Le Montgru, Moreix, Le Moulin-de-
Cheville, Le Moulin-Flayat, Les Moulins, La Noaille, La
Planelle, Le Pont, Ramade, Raudeix, Sagnat, Tatergue,
La Vacherie.

Commune de La Celle-Barmontoise. — Les Aubards,
Barreix, Le Canneix, Chalucet-Etables, Chamy, Charem-
blas, La Chaze-Tibi, Cherbouquet, Clermonteil, Lavaud-
Promis, Lavaud-d'Antal, La Marche, Murzeix, Poux-Bour-
reaux, Prabant, Sannejouan, Saugère, Tardette, Les Ve-
drennes, La Villetelle,

Commune de La Mazière-aux-Bonshommes. — Le Chalard, Le Cherbaudy, Fond-Razet, Lascoux-Fauchez, Neuvialle, La Rebeyrolle, Sibiaux.

Commune de La Villeneuve. — Le Chaminas.

Commune de Mérinchal. — Bartoueix, Le Beaudeix,
La Bessède, Biarneil, Bordessoulle-le-Miepeix, Bordes-
soulle-les-Ecuelles, Les Brouges, Le Buillier, Certillange,
La Chassagne, Chaupeix, Le Chez, Condauseix, Fontavide,
Les Fougères, Le Geoffreix, Grammaze, Le Jahert, Jacry,
Le Jouhannex, Le Lac, Lapeyrouse, Lazereix, Lérault,
Le Macheptel, Marlange, Marnière, Le Mazaud, Mercin,
Les Miépeix, Le Montdagraud, Le Montalon, Le Montba-
but, Le Montmerle, Le Montourat, Le Panéry, Le Pouyal,
Prugny, La Roche, La Saudade, Seauve, Serre, Trasleprat,
Truffy, La Valette, La Vergnolle, La Vernède, Versavaud,
Vieux-Voisin, Villelume.

Commune de Pontcharraud. — Brioude, Les Brioumes,
Cherblanc, Courvieille, Hauts-Martins, Labierge, Las-
champs, Margnat, Poncharraud, Pigerolle, Prugne, Roche-
Chirat, Servalet.

Commune de Saint-Agnant. — Best, Bressolle, Le Ce-
barteux, Chapal, Les Chaussades, Chénérailles, Le Cher,

La Clide, Condat-Roudier, Creux de Limoges, Doufier, Dougnat.

Commune de Saint-Bard. — Amont, Chazépaud, Chazoulière, Chez-Brillaud, Chez-Quéret, Chirouze, Les Coriaux, Larfeux, La Maison-Neuve, La Maison-Rouge, Le Mazet, Sannette.

Commune de Saint-Georges-Nigremont. — La Barraque, Bas-Martins, Le Chancet, Chersoubre, La Clidèle, La Cour, La Croudille, Les Écures, Les Écurettes, La Gouttelle, Granchet, Les Granges, Les Hérauts, Le Jarisson, Le Lampion, Lascaux, La Madière, Le Maginier, Marandonnet, La Monteix, La Nétange, La Pradelle, Rochebouchard, Rouzelie, Saint-Amand, Salongette, La Troudière, Le Villard.

Commune de Saint-Maurice. — La Besse, Le Bonnejoux, Le Chez, Chez-Pradal, Longeaigue, Le Maunat, Le Mazet, Miomandre, Le Monteilland, Le Montabras, Les Plaines, Le Pomérol, La Sallandrouze, Sénimont, Sénimontel, Les Vergnes, Vergne-Soubre, Villevaleix.

Commune de Saint-Oradoux-près-Crocq. — La Bonnette, Bussière, Chassagne, Chassagnette, Chermartin, Chez-Canard, Le Fressinet, Lavaud-Gouyard, Le Mazendraud, Le Monneix, Le Mont, Le Montely, Rougnat, Tralaigue.

Commune de Saint-Pardoux-d'Arnet. — Arfeuille, Arfouillole, Arnet, Brigneleix, Bussière, La Chaussade, La Dessagne, Les Farges, Les Gorces, Longevialle, Pardanaud, La Prade, Le Puy, Tardette, Trimouline, Trimoulinette, Villedéserte.

Canton d'Evaux

Commune d'Arfeuille-Châtain. — Châtain, Le Chatras, La Croix-de-Seauve, Croizet, Doulazet, Douleix, La Gane-du-Bois, La Genête, Grolière, Laubart, Lavaud-Bezon, Le Mazeau, Métrandle, Montel-Jaloux, Montel-la-Tour, Mont-Peyroux, Le Moulin, La Nouzière-Marlaud, Perret, Pix, Plagne, La Pradelle, Seauve, Le Theil.

Commune de Chambonchard. — Feineraud, La Grande-Chassagne, Langlade, Lascaud, Le Ligondès, Malleret, Les Mas, Le Mur, La Petite Chassagne, Le Peyroux, Le Prat, Rammeaux, Sévennes, Le Theil, Le Thermont, Vallettes.

Commune de Charron. — Beaumélange, Beaumont, Le Bouchet, Cacherat, La Chaise, Champeaux, Charonnet, Le Châtelet, Chaulic, La Chaume, Chavaneix, Chazérade,

Les Courbes, Courdemange, Cournaud, Ecurettes, Les
Fosses, Fravaleix, Gachard, Grand-Ecouteix, Les Iles, La-
chaud, Lardeix, Magnaud, Maison-d'en-Haut, Le Mont,
Petit-Ecouteix, Plantady, Pont-la-Forêt, Puy-Gauthier, Le
Roudat, Saulcix, Le Soulier, Les Treix, Vaisin, Vallette,
Vernades, Les Villattes.

Commune d'Evaux. — Agen, Bord-la-Roche, Ballier-le-
Franc, Bodeau, Bois-Bouleau, Bord-la-Roche, Bord-le-
Franc, Les Boutons, Le Brély, Le Buissonnet, La Bus-
sière, Cadet, Champ-du-Mont, Chancelier, Le Chaumeix,
Chaux, Clavaud, Le Clos, Combeaudet, Coron, La Cou-
ture, Dorgues, Doulaud, Les Etivaux, La Forêt, Fuseau,
La Gasne-de-Maunoix, Gobias, Le Grand-Tornage, Las-
champs, Lolière, Lonlevade, Maison-Neuve, Les Mas,
Montchabrol, Le Monteil, Le Monteil-d'en-Bas, La Monte-
rolle, Le Moulin-Bodeau, Moulin-de-la-Ribe, Moulin-de-la-
Roche, Moulin-du-Rapt, Le Petit-Tornage, Puy-Aubrun,
Relibert, Remiraut, La Ribière, La Roche-Aymond, Roche-d'en-Bas, Roche-d'en-Haut, Les Rojaux, Saint-Jacques,
Teillet-d'en-Bas, Teillet-d'en-Haut, Les Terrades, Villevaleix, Le Vivier.

Commune de Fontanières. — Badassat, Les Bregères,
Les Ecures, Fontaube, Fournaleix, Le Fraisse, Frédeval,
Les Mazères, Nirolles, Le Pont-du-Salvert, Le Puy-Aubrun,
Le Sagnat, Salvert, Signol, Talleix.

Commune de Reterre. — Boussanges, Les Chaumas, La
Chaume, La Chezotte, La Chirade, Le Coux, Les Drux, La
Fosse, Fregereix, Malleville, Les Mas, Le Mazeau, Le
Mont, Le Monceau, Noussolle, Les Périchons, Le Puy-
Sauret, La Ribière, Tourton-Grand, Tourton-Joubert, La
Vallazière, Villecherine.

Commune de Saint-Julien-la-Genête. — Les Bordes, Le
Breuil, Chanteros, La Chassagne, Chaumazelle, Les Fres-
ses, Masseix, La Prugne, Les Rieux, Le Thyle, Le Vau-
reix.

Commune de Saint-Priest. — Beauregard, Bujadoux,
Cegouneix, La Chaud, La Chaussade, La Croisette, Gran-
de-Vozelle, Lauroux, Lavaud, Lempure, Le Mas, Le Mazeau, La Mazure, Le Meignoux, Le Montmoreau, La Nou-
velle-Ampure, Petite-Vezelle, Pont-de-Boulieu, La Ribière,
Le Tromp, La Valette, La Villatte.

Commune de Sannat. — Anchaux, Anvaud, Les Bordes,
Le Boueix, La Chabane, La Chaize, La Chassagnade, La
Chassagne, La Chassignole, Le Châtaignier, La Chaux,
Le Thez, La Claud, Le Cros, Les Fayes, Fayolle, Le Ge-

nêt, La Grande-Louche, Lavie, Luard, Le Maroudier, La
Montagne, Le Montfrialoux, Le Montgarnon, Moulin-de-
la-Ville-du-Bois, La Petite-Louche, Piccarot, Le Poux, Le
Puylatat, Le Rivaud, Saint-Pardoux-le-Pauvre, Samondeix,
Savignat, Le Tirondet, La Tuilerie, La Valette, Les Valet-
tes, La Ville-du-Bois.

Canton de Felletin

Commune de Croze. — La Barraque, La Brousse, La
Combe, Le Cousseix, La Gratade, La Jasseix, Les Magna-
das, La Maison-des-Grands-Bois, Le Maslaurent, Les Matroux, Mouze, Les Outeix, Les Parts. Runleix, Soupin, Le
Tarderon, La Villeraud, Les Vougoueix.

Commune de Felletin. — Arfeuille, La Barge, Les Combes, La Croix-Blanche, Le Cros-Custaud, Le Cros-Lassai-
gne, Domaine-du-Moulin, La Faye-Basse, La Faye-Haute,
Les Granges, Laborie, Lassaigne, Laveaux, La Maze, La
Pomme, La Réserve-de-la-Garde.

Commune de Moutier-Rozeille. — Le Bignat, Bordes-
soule, Bussières, Buxerette, Champneuf, Charrières, Chau-
veix, La Chaux, La Clide, Confolent, Cote-Rebière, Le
Cros-Custaud, Forest, La Langogne, Larbre, Lascaux-la-
Belle, Le Martineix, Le Montrobert, La Moulin-de-Botte,
Nalèche, Périssat, La Prade, Rozeille, Saint-Hilaire, Le
Thym, La Vergne.

Commune de Poussanges. — L'Arfeuille, La Basse, La
Bierge, Le Bouchaix, Le Boucix, La Bussière, Le Chalard,
Le, Chameyroux, Charbonneix, Chez-Vialle, Dejoux, Les
Fosses, La Gâne, Geniveix, Lachaud, Lifaud, Longe-Ver-
gne, Loulergue, Le Maspeyroux, Le Mazaud, Le Mous-
sard, Perolle, Pierrefite, Le Quéyriaud, La Raguze, Le
Rebeyreix, La Roche, La Somme, Le Valeix.

Commune de Sainte-Feyre-la-Montagne. — Argendeix,
Bidanges, Bussière, Faureix, Margnat, Le Theil, Ville-
fort.

Commune de Saint-Frion. — Basbouteix, Beaujon, La
Chaume, Chavanat, Chirat, Le Croizet. Fontfrède, Les
Herboux, Lelonge, Lemoneix, Le Leyrat, Le Mas, Le Mo-
reix, Le Pradeau, Provenchère, Tourlière, Saint-Antoine,
Les Salles, Sandelosse, Sanebêche, Varinas, Villedeau.

Commune de Saint-Quentin. — Les Bordes, Bordes-
soulles, Busserolles, Charasse-Basse, Charasse-Haute,
Charasse-la-Plaine, La Chassagne, Le Château, Le Cher-
bahun, Chirouze, Les Coupres, Fressanges, Guymont,

Laubard, Le Masbet, Le Mazte, Montauban, Le Montou-
lier. La Morie, Moulin-de-Saint-Quentin, Neudeoux, Le
Nouard, La Papeterie, La Petite-Roche, Le Petit-Limoges,
Le Pont-des-Malades, Le Pont-Roby, Le Puy, La Roche-
Basse, La Tannerie, Le Theil, La Vedrenne, Le Verminier,
La Villatte, Villemonteix.

Commune de Saint-Yrieix-la-Montagne. — Ars, Aube-
peyre, Bessat, Cherfeuille, Cloux-Valareix, Crudieux,
Gibouleaux, Les Iles, Lalont, Lorthomas, Madéry, Magnat,
Marcelleix, Mésounioux, Le Mont, Pellange, Puy-Bessat,
Puy-la-Vergne, La Rocherolle, Serre, Le Tauveroux, Teil-
Bas, Teil-Haut, La Vallette, Verdinaud, Vernon.

Commune de Vallières. — Baudy, Les Bouleaux, Le
Brugeaud, La Chabassière, La Chaize, Epagnat, Essar-
teaux, Les Farges, Le Fraisse, Fressanges, Les Garennes,
Hussard, Labrot, Lascaud, Lavaud-Hugier, Lavaud-Sou-
branne, Mallard, Marvier, Masvaudier, Le Monteil-Ségur,
Montoursy, Moulin-Gasne, Murat, La Perchade, Le
Perchady, Pimpérigeas, Le Plaisir, Planechaud, Le Plat,
Le Pont-Valereix, La Prade, Prapontie, Le Puy-Jedan,
Puy-Moulinet, Saint-Séverin, La Seauve, Sourliasvou,
Truchassoux, Veau, Le Vert, Vialle, La Villeneuve.

Canton de Gentioux

Commune de Faux-la-Montagne. — Arsailler, Bessat,
Bon-Martin, Les Bordes, Broussat, Châtain, Fermerie,
Fonas-au-Pont, Jablagnat, Lafeuillade, Lâge, Lallée,
Larfouillère, Laudoinet, La Loy, Mercier-Ferrier, Montbu-
chon, Le Monteil, Les Pêcheries, Plazanet, Régeat,
Thézillat, Trijoullet, Truffy, Villesaint.

Commune de Féniers. — Crabanat, Gane-Claire, Lou-
vage, Le Petit-Meymat, La Rebeyrolle, Sarcenat.

Commune de Gentioux. — Arfouilloux, Aluguet, Le
Cantonnet, Chaumont, Chez-Gorsse, Joux, Lachaud-
Courand, Lachaux-Fauveux, La Lézioux, Le Luc, Le
Mazet, Le Mont, Mouhézas, Pallier, Provenchère, Les
Salles, Sénoneix, Le Valnet, La Vareille, Verginat, Vervial-
le, La Villatte, Villemoneix.

Commune de Gioux. — Angioux, Bonneix, Bourgnon,
Chissac, Cruchant, Dyverneresse, Les Farges, Gradeix,
Lascaux-Maury, Malval, Mangenoucix, Le Mas, Mascré-
paud, Mazet, Meallet, Paulin, La Pouge, Pradinas, Ronteix,
La Vallette, Villecrouzeix, Thifloux.

Commune de La Nouaille. — Arouet, Banise, Banisette,

Barbounéchat, Le Chassing, La Chaumette, Le Cher-de-Troupiat, Chez-Chatenet, Chez-Pignechatte, Thiroux, Le Cluzaud, Fontaneillas, Les Fougères, Lapleoux, Lavaud Magnigne, Les Maisons, Monteil-Perdrigier, Le Montefranc, Le Noncelier, La Pradelle, La Ribière, Le Saintoux, Tras-l'Arbre, Troupiat, Valléoux, La Vergne, La Vergnolle, Vervialle, Le Villard, Villesauveix, La Virolle.

Commune de La Villedieu. — La Baraque, Haute-Besse, Le Mailly, Le Mazaud, Le Moulin-Rouge, Moulin-Vieux, Le Pré-Chavanat, La Ribière, La Roche.

Commune de Pigerolles. — La Cyratade, Soulière.

Commune de Saint-Marc-à-Loubaud. — Cessinas, Cher-train, Lavaud-Gelade, Moulins-de-Népoux, Népoux, Pelletanges, La Pléoux, Pourchéroux, Rouffanges, Train.

Canton de Saint-Sulpice-les-Champs

Commune d'Ars. — Arfeuille, La Besse, Le Breuil, Champeauvier, Châtelard, Le Cher, Chermaud, Conchas, Couvaud, Grandessard, Le Liboulier, La Lizolle, Le Monteil, Moulin-de-la-Borne, Nizerolles, Peyreladas, Le Puy, Le Puy-de-Semenon, Quéraud, Semenon, Treix, Tuileries d'Ars, Vallade-Basse, Vallade d'Ars, Védignat, Villeloube, Villesauveix, Voutouéry.

Commune de Banize. — Beaubiat, La Chassagne, Confolent, Haute-Faye, Le Lac, Lamant, Lascaux, Le Mas, Le Masfayon, La Mouline, Le Meignau, Meizoux, Pierre-Gagère, Le Pignat, Puy-Join, Rebeiry, La Vallade.

Commune de Chamberaud. — Le Chiron, Le Puy, La Souterraine.

Commune de Chavanat. — L'Angenedière, Le Beth, Charbonnier, La Cour, Les écurettes, La Faye-aux-Moines, Laroussille, Meymanat, Le Monteillard, Le Moulin-de-Chavanat, Le Moulin-du-Monteillard, Parsac, Le Savenier, Templard, Villemonteil.

Commune de Fransèches. — Antarioux, La Brutine, Buige-Fayolle, Bussiéras, Champ, Durazat, Les Essards, Le Faux, Le Frais, Fransèches-Vieille, Lascaux, Lubeix, Magot, Marlat, Montgermain, La Roche, Villejus, La Virolle.

Commune de Saint-Avit-le-Pauvre. — Combredet, La Rebeyrette, Le Montécudier, Le Monteil.

Commune de Saint-Martial-le-Mont. — La Barrière, Les Brégères, La Chaise, Les Chambons, Chantaud, Les Che-

zades, La Couchezotte, Courblande, La Corse, Les
Moulins-de-Chambons, Le Puits-Sainte-Marie, Le Puits-
Saint-Martial, La Vallade-Basse.

Commune de Saint-Michel-de-Veisse. — La Chapelle,
Chasselines, Les Conches, Courcelles, Le Cruzeau, Les
Fayades, Le Moulin-de-Cherbonnier, Le Moulin-Rouge,
Treichazeix, La Villatte.

Commune de Saint-Sulpice-le-Donzeil. — Le Bouteix,
Les Chabanches, Champagne, Drouillette, Etang-au-Lac,
Pleine-Faye, Lascaux, Les Malget, Masson, Les Meaumes,
Le Monsbrot, Moulin-de-Saint-Sulpice, La Naute, La
Petite-Faye, La Pierre-du-Marteau, Provenchère, Ribot,
Le Secq, Voreix.

Commune de Sous-Parsat. — Château-Milan, Chez-la-
Croix, Les Egaliers, Les Fayolles, La Fontaine, Les
Girauds, Lagne-Blanche, Les Loges-d'en-Bas, Les Loges-
d'en-Haut, Mareille, Les Palisses, Pognat, Le Pont, Le
Secq, Treize-Vents, Les Vergnettes.

ARRONDISSEMENT DE BOURGANEUF

Canton de Bénévent-l'Abbaye

Commune d'Arrênes. — L'Abbaye, Aigue-Perce, Aussa-
gne, Les Bèges, Champs-d'hivert, Côte-Plane, Davais, La
Faye, La Folle, Galeine et le Moulin, La Gasne, Les
Giraudes, Le Jourdaneix, Larouze, Les Marqueix, Le
Montonaud, Moulin de Larouze, La Plaux, La Pradelle,
Puifaucher, Reix, Sazeirat, Les Trois-Piles.

Commune d'Augères. — Augerolles, La Chabanne, La
Nardelle, Moulin de Villards, Moussand, La Pouyade,
Puy de la Croix, Teilledit, Villards.

Commune d'Aulon. — Le Grand-Etang, Lavalaudy,
Montboucher, Les Moreaux, Reitoueix.

Commune d'Azat-Châtenet. — Châtenet, Chez-Bardon,
Le Cros, Erenas, Flutarèle, La Garnèche, Translafont.

Commune de Bénévent-l'Abbaye. — La Betoule, La Cha-
banne, Chabeau, Les Combes, La Côte, Le Grand-Murat,
Les Granges, Maison-Rouge, Le Petit-Murat, Sauzet,
Sigoulet.

Commune de Ceyroux. — L'Age, Bord, Chazelles, La
Forge-du-Bost, Leichameau, Palières, La Vergne.

Commune de Chatelus-le-Marcheix. — Arsouze, La Barre, Beaumont, Boissieux, Les Cars, Les Champs, Chez-René, Chez-Théverny, Chouverne-Nègre, Clamont, Les Côtes, La Clupte, Faye-Freyde, Garnaud, Gogiraud, Lange, Laroche, Lavaud, Lignat, Le Masginicr, Masloutin, Malemouche, Le Masmillier, Manerbe, Mauras, Meissonneix, Moulin-de-Perusse, Mournctas, Mousergue, Randonneix, Saint-Aleix, Taleuf, Tourneoux, Tourtoneiroux, Ville-Chabrolle, Ville-Maumi, Ville-Monteix, Ville-Pigue.

· *Commune de Marsac.* — Le Bois-Neuf, Les Breuilles, La Chaize, Les Fouliers, Les Galateaux, Lagemard, Lages, Lavaud, Malval, Montalas-Forgeas, Moulin-de-Dardoux, Moulin-la-Brousse, Moulin-Rorgues, Ransonnet, Les Rhets, Les Rorgues, Souffransoux, Les Triats, Ville-Chenoux, Ville-Jacques.

Commune de Mourioux. — Azat, La Bétoulière, Le Breuil, Le Camp, Cluptat, Entregnat, Les Forgettes, La Gaudinerie, Les Graupes, Laget, Larue, Lavaud-Vergniaud, Mansoux, Le Mas-Boudet, Montharon, Le Monteil, Le Montibert, Moulin-de-Mourioux, Pont-de-Mourioux, La Ribière, Saint-Cartier, Sarrazines, La Soreillade, Le Teil, Veaux, Le Vedrenne, Vieille-Ville.

Commune de Saint-Goussaud. — Bonabut, Les Carts, Champegaud, Le Châtain, La Chatenade, Le Cros, La Feite, Lieux, Frionlouze, Le Mont-de-Joué, Millemélange, Le Moulin-de-Fieux, Le Moulin-de-Gabiants, Redondesagne, La Ribière, Roche, Séjoux, La Vardenne.

Canton de Bourganeuf

Commune d'Auriat. — Alesmes, Le Baconaille, Chaminadas, Champesmons, Cheissoux, Grand-Veaux, La Grande-Rouge, Jourdannes, Lavalade, Le Mazeau, Menudier, Le Moulin-de-la-Bacon, Le Moutreix, Le Petit-Veaux, Les Prayaux, Rousset, La Vialle.

Commune de Bosmoreau. — Les Betoulles, Bonneville, Chez-Freisseix, Chez-Garat, Chez-Lameix, Chez Paricaud, Chez-Peinaud, Chez-Réjasse, Combeauvert, Le Coudert, Lardelier, Lavaud-Grasse, Moulin-de-Bosmoreau, La Sime, La Trélonge.

Commune de Bourganeuf. — Beaugency, Bouzoge, La Chaume, Chaumont, Gerbos, Goutte-de-Bas, Goutte-du-Haut, Lareijasse, Le Masguillard, Le Maspiériot, Le Moulins-du-Mas, Le Planeix, Le Pont, Puy-Saint-Jean, Rem-

pienjas-de-Bas, Rempienjas-de-Haut, Rigour, La Roche,
Le Verger, Le Voidier.

Commune de Faux-Mazuras. — Augères, Chez-Sudraud,
La Conche, La Goursolle, Jartaud, Lasquieras, Mazuras,
Le Piat.

Commune de Mansat. — Bosjeny, Chadoulnas, La
Courière, Moulins-de-Quinsat, Quinsat.

Commune de Mérignat. — Les Arces, Les Beau-Perus-
seix, Chambanneau, Langladure, Le Mas-Bareau, Le Mas-
Baronnet, Le Mas-Cluzeau, Montalescot, Perlaurière, Le
Verger, Villette.

Commune de Montboucher. — Bonnavaud, Les Bourdeix,
La Chassagne, Cheiroux, Les Chemins-Ferrés, Les Cleaux,
La Cour, Fonloup, La Forest, Fredoux, Gesmont, Gorseix,
Magnat, Les Martis, Moulin-de-Mont-Boucher, Moulin-de-
Ribières, Moulin-de-Sargnat, Sargnat, Vedrenas.

Commune de Saint-Arnaud-Jartoudeix. — Beauvais,
Ruffe-Jasse, Le Cloup, Colombeix, Faye-de-Bas, Faye-de-
Haut, La Fayolle, Jartoux, Leilavergne, Montpensier, Le
Moulin-de-Bramefan, Le Nouhaud, Pradaude, Puichalat,
Puy-Reynaud, Le Trop, Vergnioux.

Commune de Saint-Dizier. — Balaumier, Belle-Faye,
Le Bon-de-Ville, Le Bourdaleix, La Bruyère, La Caire,
La Chaumette, Chauverne-Piaulet, Cornat, Les Effets,
Fargeas, Font-Léon, Les Granges, Jalinoux, Lasvias,
Leycurette, Mameix, Le Masbeau, Maucoudert, La Mazeire,
Le Montabarot, Le Montarichard, Le Monteil, Le Moulin-
Cardeaux, Le Moulin-de-Saint-Dizier, Planchat, Pommerol,
Pommier, Pradeix, Rapinat, Teillet, La Valette, La Vilatte.

Commune de Saint-Martin-Sainte-Catherine. — Arfeuil-
le, Le Barrat, Le Beau-Regard, Charbonnier, Chatreix,
Cheiroux, Drouillas, Font-Léon, Gorseix, Lage, Lavaud,
Martial Les Mas, Le Masjoubert, Le Meneiroux, Moulin-
de-Lilas, Moulin-de-Drouillas, Moulin-de-Viges, Moulin-
de-la-Vallade, Les Quatre-Vents, La Salesse, Savenas,
Le Theil, La Texonnière, La Vallade, La Varache, Les
Villards.

Commune de Saint-Pierre-Chérignat. — La Besse, Le
Bois du Mont, Les Bonnets-Blancs, Le Breuil, La Châtre,
Chez-Maulitard, Chez-Theveny, Les Civadonx, L'Etrade,
La Goutte, Hurgeau, Hutte-de-la-Croix-d'Hurgeau, Les
Joineaux, La Maison-Neuve, Le Mas-Bélanger, Le Mazet,
Le Mont, Le Moulin-de-Chez-Lord, Le Moulin-du-Got, Le
Moulin-du-Mazet, Le Moulin-du-Jeune, Les Moulins, Pont-

de-Lord, Pourrioux, Le Puy, Les Quoirs, Les Ribières, La Salle, Sargnac, Les Tuilleries.

Commune de Saint-Priest-Palus. — Arfeuille, La Chaume, La Gardelle, Liverton, Le Mas, Le Mas-Petit, Les Merles, Moulin-de-Soudanas, Noualet, Le Petit-Mazeau, Les Planières, Soudanas, Le Treix, Villejante.

Commune de Soubrebost. — Beaumartin, Beaumont, Chanteloube, Chignat, Grand-Vallet, Grand-Veau, Linard, Masmoutard, Le Masmouchard, La Martineiche. Morte-Goute, Nadapeiras, Perscix, Pancolesne, Saint-Drant, Verdouze.

Canton de Pontarion

Commune de la Chapelle-Saint-Martial. — Le Breuil, Chaussadas, La Cour, Genetine, Lecuras, Mazeau, Le Mas-Neuf, Le Moulin-de-la-Chapelle, Rocherolles, Villetelle.

Commune de Janaillat. — Les Age, La Balatange, Belle-Seauve, Bonnefont, La Borderie, Les Buis, Le Chassein, Les Chiers, Les Combelles, La Côte, La Coux, Le Dognon, Faucoutance, La Faye, Lâge, Lavauzelle, Les Maisons, Malleret-de-Haut, Les Ras, Les Ras-Barlot, Mas-de-Bas, Le Mas-Faraud, La Mongie, Le Moulin-de-la Borderie, Le Moulin-de-La-Tour, Moulin-de-l'Eau, Le Moulin du Dognon, Pierat, Pierrefitte, La Pierre-Folle, Le Soulier, Le Theil, La Vacheresse, La Vergne, Villotange.

Commune de Pontarion. — Chaumeix, Font-Froide, Puy-Chaumeix, Les Vergnes.

Commune de La Pouge. — Brigoux, Faye, Mazeirat.

Commune de Saint-Eloi. — La Chaize, Le Chezaud, Le Chier-de-Bout, Chierdou, Cier-la-Forge, Drouille, Laforest, Lavaud-Blanche, Masrougier, Le Massoubrot, Les Mazeires, Mont-Mory, Le Mont-Pigeau, Le Moulin-de-Drouille, Plaine-Faye, Le Puy-Rougier, Serres.

Commune de Saint-Georges-La-Pouge. — Bachelery, Bonnefont, Bournazeaud, Le Chalard, Charbonnier, Chausard, Courselle, Lavaud, Mareille, Marsillat, Le Mont, Le Monteil, Moureraut, Noilliaguet, Ponsat, Le Puis, Rebière, La Rougerie, Triaulissas, Villatte, Ville-Sourde.

Commune de Saint-Hilaire-le-Château. — La Bierge, Blemac, La Chassagne, La Chaud, Chaussedier, Les Combes, Les Combeltes, La Courselle, La Geneste, Les Graules, Le Lac, Langère, Lardilher, Le Liège, Le Montacartaud, Le Monteil-Bardon, Le Poirier, Pradeix, Puichaumeix, Sunac, Le Theil, Veauve, Villeviale, La Villotte.

Commune de Sardent. — Bassegeas, Les Chabannes, La Chaize, La Chassoule, Les Chabrelès, La Chaumette, La Cheminade, Les Chiers, Le Chiroussaud, Cocurgne, Colombeau, Le Coudreau, Les Courteilles, La Crouselière, La Faye-au-Bort, La Feite, Le Grand-Blessac, Le Grand-Chiroux, La Jarige, Maisonniaux, Le Mariche, Marque, Mas-Mangeas, Le Mas-Rivet, Le Mathubert, Le Mazeau, Le Mazelet, Le Mondoueix, Le Mont-de-Sardent, Le Monteil, Nouallet, Le Petit-Blessac, Le Petit-Chiroux, Le Rebeirolle, La Ribière-Jalade, La Ronze, La Royère, Secondat, Teillancher, Le Toureau, Trésagne, La Vedrenne, La Vergne, Ville-Chadaud, Ville-Jaleix, Villevégoux.

Commune de Thauron — Arsissas, Le Bos-Gros, La Chaise, Chezeau-la-Marche, Le Chezeau-Raymond, Fontaneix, Les Hautards, Lecuras, Le Mas, Manchez, Le Mont-de-Transet, Le Palais, Villareix.

Commune de Vidaillat. — Les Bordes, Brousse, Challeix, Champesmes, Charchalleix, Chez-Jollot, Cosnat, Forêt-Belleville, Fourneaux, Gourson, Lanjouy, Marlet, Mas, Le Mazeau, Murat, Noyer, Le Puy, La Virolle.

Canton de Royère

Commune du Monteil-au-Vicomte. — Barry, La Chaud, Guichomeix, Haute-Besse, Larfoulière, Le Moulin-des-Isles, Moulin-du-Monteil, La Vergne.

Commune de Morterolles. — Alesme, Le Bois-Laron, Fresseix, Le Masderier, Le Puy, Point-du-Jour, Rioublanc, Saint-Giles, Villattange.

Commune de Royère. — Andaleix, Arfeuilles, Arpeix, Au-Chaize, Auzoux, Baubier, Les Bordes, Chassagnias, Le Châtaignoux, Le Cloup, Le Feix, Gensanas, Gensanctas, Haute-Faye, Langladure, Lascoux, Le Leyris, Le Mas, Mas-Grangeas, Le Mazeau, La Mazure, Orladeix, Raudaressat, Rochas, Rubeine, Soumeix, Vauveix, Vaux, Verdinas, Vergnolas, Le Villard, Ville-Cros, Vincent.

Commune de Saint-Junien-la-Bregère. — Arfeuille, Aureil, La Bassat, La Bruyère, La Chassagne, Le Châtain, Les Chenauds, La Faye, Les Granges, La Grillière, Hoche, Leitrade, Montayaud, Les Nouauds, Le Petit-Auriat, Le Puis, Truffit, Vige, Vignon, La Villatte.

Commune de Saint-Martin-Château. — Le Bost, Boussat, La Braumont, Brudieux, La Chassagne, Le Chassagnaux, La Clavelle, La Cour, Favarelias, Fusinas, Grand-Rieux, Les Jarrauds, Lagatte, Lage, Lansade, Le Mas-Faure, Le Massoubrot, Le Monteil, Neuvialle, Pont, Prasinat, La Sauve, Teillet, Tourlouloux, La Vergne, Villegouleix.

Commune de Saint-Moreil. — La Barde, Champagnat, Le Chatain, La Chaud, La Colomberie, La Faurie, Le Mas-Lavialle, Le Montalétang, Le Montchenis, Le Monthioux, Le Montignoux, Moulamier, Moulin-de-la-Chaud, Moulin-de-la-Farge, Moulin-de-la-Vedrenne, Les Moulins, Le Pommier, Prévenchères, La Ribière-au-Gay, La Vedrenne, La Vialle.

Commune de Saint-Pardoux-Lavaud. — Augerolle, Bois-Rozé, Bord, Buze, Le Chassin, La Couche, La Cour-de-Razé, Les Farges, La Faye, Les Fonds, Lachaize, Lavaud, Massadoux, Le Mazeau, Moulin-de-Bord, Moulin-de-Massadoux, Les Rochas, La Vaupline, La Vedrenne, Villemaine.

Commune de Saint-Pierre-le-Bost. — Aurioux, Le Barry, Beauvais, La Borderie, La Brousse, La Bussière, Champredon, Chez-Brouillaud, Le Chiroux, Le Compeix, La Crousille, Gioux, Le Grand-Janon, Lardiller, Moulin-des-Iles, Moulin-Pinlot, La Parade, Peumot, Peyramaure, Planchadaud, Planchat, Le Point-du-Jour, Pramy, La Villatte.

ARRONDISSEMENT DE BOUSSAC

Canton de Boussac

Commune de Bord-Saint-Georges. — Balette, La Barrière, Basmons, Beaune, La Besse, Bordelles, Bornet, Bouchet, Bouleraud, Brillat, Chabannes, Champ-des-vies, Change, Chier-du-Bout, Les Claustres, La Couture, La Croix-des-poses, L'Espérance, Favant, Fayolle, Fougères, Goutte-de-Bord, Goutte-Paris, Le Grand Champ, Jayat, Maison-du-Loup, Maisonnette-de-Chonon, La Motte, Moulin-de-Fougère, Parocherie, Puyolle, La Ritte, Le Soup, Teilloux, Temple, Theil, Les Trimouilles, La Tuilerie, Les Tuiles, La Vallade, La Vallette.

Commune de Boussac. — La Chapelle Sainte-Borde, La Creusette, Le Grand-Moulin, La Grange-Huguette, Les Loges, Le Moulin-Ferré, Puits-en-Route, Le Rocher.

Commune de Boussac-Bourg. — Augerat, La Bajoue, Le Bois-de-Croze, Le Bois de Foudrenier, Les Bordes, Les Bruères, Les Buiges, Busserolle, Les Chabannes, La Chassagne, Le Châtaigner, La Chaume, Le Chauvet, Le Cheix, Les Courcelles, Crépont, La Croix d'Agard, La Faye, Foudrenier, La Fontaine St-Martin, Le Gaudet, La Grange-Boursault, La Grange-d'Agard, Le Grosleroux, L'Huillerie, La Péchère, Longvert, Lufrais, La Maison-Dieu, Les Martinats, La Mazère-au-Prieur, La Mazère-Jourand, Nervrange, Le Néry, Moitié-froid, Le Monté, Les Peyrots, Poinsouze, Le Pont, Les Prades, Prétomont, Le Puy-Larousse, Le Puy-Maigre, Rérie, Les Roudières, Sugères, Les Toureaux, Le Trimoulet, Les Tuileries, Les Villattes, Villemaury, Villeville.

Commune de Bussière-Saint-Georges. — L'Age, Betouil-lère, Bouquinet, Bourgier, La Bourse, Chambon, La Chaumette, Couchardon, Les Essards, Les Fils, La Forge, Les Fouénards, Grande-Betoulle, Lardoinat, Lavaud, Mesamies, Montabret, Montmarson, Petite-Betoulle, Le Puozr, La Reine, Salvot, Sourlanges, Le Suchet, Verrine.

Commune de Lavaudfranche. — Les Arses, Beauregard, Bordessoulle, Chazeix, La Clavière, St-Martial, La Taupi-nière.

Commune de Leyrat. — Antraigues, Le Bernier, Les Biesses, Le Boucheroux, Le Breuil, Chissac, Le Cluzeau, Domport, La Faye, La Jante, Longchamps, Manerbes, La Motte, Le Mousseau, Pauly, Le Rocher, Les Sagnes, Salveur, Les Souhaits, Lavillatte.

Commune de Malleret. — L'Age Bondin, Les Allardes, Arsoud, Beaufort, Le Boucix, ·Le Brousse, Busserette, Champeix, Châteauchevrier, Les Chaumes, Chez-Dubois, Chez-Nermond, Chez-Tailland, Le Cormier, Le Cousset, La Croix, Les Débauds, L'Echameau, L'Etang, Le Grand-Chaumet, Les Granges, La Jacoudet, Lamaudière, Les Landes, Maison-du-Champ-de-la-Lande, Montmeunier, Naboulet, Le Petit-Chaumet, Le Petit-Puy-Maigre, Le Pravieux, Le Rianon, La Rochette, Le Theix, Le Tourreau, Le Toux, Villaud.

Commune de Nouzerines. — L'Age, La Betoullière, Boischevron, Boisvert, Les Carrières, Chez-Botier, Chez-Malin, Chez-Treillaud, La Chinaud, Le Cluzeau, Les Combes, Les Curades, La Faye, Le Grand-Carteron, Les Guérins, Les Ligons, Le Mery, Le Mont, Le Montaulard, Le Montjoint, Menpetut, Les Onsonnes, La Paillaude, Le Petit-Mery, Les Plats, Les Prades, Le Puy, La Sagne, La Siauve, Le Verger, La Vergne, La Villette.

Commune de Saint-Marien. — Bougnat, Les Coussières, La Forge, Grand-Bougnat, Jurigny, Les Landes, Le Landon, Les Loges-des-Lardoinats, Les Loges-du-Moulin, La Maison-Rouge, Le Mont, Le Pit, Planchat, Verveau.

Commune de Saint-Pierre-le-Bost. — Les Allouettes, Bois-Denier, Bois-Remord, Chambijoux, Le Chêne-du-Renard, Les Courrières, Les Couveau, La Fayolle, La Forêt, La Grande-Jupille, Jurigny, Lavaugelade, Lavaud, La Petite-Jupille, Planchat, Le Prelet, La Prugne, Le Puy-Gilbert, La Ribe, Les Termes, La Vallette.

Commune de St-Silvain-Bas-le-Roc. — Les Allouettes, L'Arbre-des-Landes, Banet, La Brousse, Le Chiroux, Le Coteau, Darnat, La Forêt, Gouby, Goutte-Noir, Javayat, Puy-Saulnier, Les Quatres-Chemins, La Roche, La Roussille, Salveur, La Siauve, La Viergne, La Vilette.

Commune de Soumans. — La Baclière, Beaulat, Bellefaye, Le Bouchat, Les Buges, La Chassagne, Châteux, Châtre, La Drouille, L'Etang, Fombier, La Garde, Les Gouttes, Le Mazurier, Morlat, Montebras, Le Montgalbrun, Le Monturet, Le Mourier, Le Puy-du-Méry, Robenoire, La Sagnette, Vaudoueix.

Commune de Toulx-Sainte-Croix. — Barlot, Bedjuin, La Boissate, Les Bordes, Chanon, Chantemille, Chassignole, Chatenet, Chaubier, La Chaume, Les Chaumes-de-la-Boissate, Les Chaumes-de-Pradaux, Chauveix, Chavanabut, Chavanat, La Causelière, La Fayette, La Garde, Les Jaunathes, Juniat, Lavaud, Le Magnoux, Les Maisons, La Mazère, Le Mont, Les Mousseaux, Les Pautareix, Les Pinelles, Pradaux, Le Py, Savaud, Ventenat.

Canton de Chambon

Commune d'Auge. — L'Age-Vert, La Barraque, La Chaussade, Le Cimetière-Vieux, La Côte d'Auge, La Farge, Huillat, La Maison-Rouge, La Nourrice, Les Places, Reignemour.

Commune de Budelière. — Bâteau-du-Mas, Le Carrefour, Chabannes, La Chassagne, Chassat, Château-de-la-Villederie, Châtelane, Chaumonteix, Cherechère, Clos, Conlevade, La Denèche, Dos d'Ane, Entraigues, Grand Cros, Machaumeix, La Madeleine, Montbardoux, Montenelle, Moulin-Chaponnet, Petit-Cros, Le Pont et Poirier, Richebœuf, La Rochette, Saé, Sage, Sauzet, Termont, La Trimouille, Les Trimouilles, Vernon, La Villederie.

Commune de Chambon. — L'Age-Cartier, Barbérat, Bord,

Montjean, Carderie-Morissard, Les Chabannes, Château
de Taury, Château-Morissard, Courbanges, Le Chez, Dolle,
Enlcix, Les Fages, Les Gagneries, Grand-Domaine-Moris-
sard, Le Grand-Lut, Les Granges, Leraget-de-Derrière,
Leraget-du-Milieu, Leraget-Premier, Longeville, Marsat,
Moulin de Laloujacque, Moulin-des-Côtes, Moulin-Fer-
rard, Moulin-Girardy, Moulin-Maschaumeix, Petit-Do-
maine-Morissard, Le Petit-Lut, Puy des Auberges, La
Ribières, Rières, Saint Sernin, Thaury, La Villatte, Villemoleix.

Commune de Lépaud. — Les Asses, Baulieu, La Baur,
Les Borderies, Le Boucheroux, Boulerand, Le Breuil,
Chabassières, Chantemerle, La Chapelle, Le Faux, Gigoux,
Masson, Montplaisir, Le Petit-Morissard, Le Pou, Le Ri-
vaud, Rocheneuve, La Sagne-du-Bois, La Souvolle, Velli-
cita, Le Vert, La Ville-Dondaine,.

Commune de Lussat. — La Batide, Bazaneix, Besse-d'en
Bas, Besse-d'en-Haut, Blaume, La Borderie, Le Bouchet,
Branilles, Le Buisson, Le Chier-Bousset, Le Chier-Taillot,
L'Ermite, L'Etang-Girard, Les Farges, Farouille, Le Feuil-
leux, Le Genevrier, La Grande-Chaux, Hauterive, Lajau-
mont, Landes, Lanouzière, Lavergnolle, Les Loges, Le
Mas-d'en-Bas, Mine-de-Villerange, Montaraillon, Monta-
rux, Moulin-de-Badassat, Moulin-de-Villerange, Pavillon-
de-Landes, La Petite-Chaux, Poutet, Préhenoix, Puy-
Haut, Riérette, Teillet, Trois-Têtus, Varceine, Le Viergne,
La Viergnegome,

Commune de Nouhant. — L'Age-Grillon, Boueix, Bour-
gnon, Breuil, Cancagnolle, Chante-Allouette, Chaud, Chau-
mette, Clos, Compas, Correspondance, La Côte, Etang de
Nouhant, La Forge, Le Fressinaud, Lascoux, Magdelon,
Malvaud, Maudard, Montgiraud, La Plaix, Renardure, La
Ribière, Roule-Toupie, La Sagne, Tournebride, Trois-
Taillands, Le Vernet, La Vie.

Commune de Saint-Julien-le-Châtel. — La Barre, Le
Breuil, Les Caves, La Chaud, Le Chier, La Courcelle, Les
Forges, Le Mont-Basset, Le Montly, Pinaud, Le Puy-de-la
Rainaude, Le Theil.

Commune de Saint-Loup. — L'Age, Le Beauregard, Les
Bussières, Le Coudonnier, Fleuraget, Fleurat, Gournet; La
Jarrige, Landette, Le Monteil, Les Portes, La Tuilerie.

Commune de Tardes. — Les Bergerettes, Boisset, Le
Breuille-Coton, La Bruyère, Chameau, La Chassagne, La
Chaumette, La Chauminelle, La Cheville, Doulette, Les
Houchettes, Lachat, Lavaux, Maisonnade, Le Malancde,

Marmouret, Mazeiras, Montfelour, Moucimin, Pradinot, Sadournaget, Sadournat, Sarsannet, La Villatte.

Commune de Verneiges. — L'Arbre-de-la-Croix, Les Brandes, Châteauvert, La Chaussade, Le Chez, Le Courtioux, La Fontaline, L'Hôtel-du-Berry, Le Mas, Le Puy-de-la-Savie.

Commune de Viersat. — L'Age-Bardon, L'Age-sous-Saé, Barouchet, Basse-Combraille, Les Brandes, Le Château, Chaume-Brandy, Combraille, Le Deveix, Doméraud, L'Etang-de-Montliard, Les Forges, Le Fourg, La Gagnerie, Gâsne-au-Gas, Les Genêts, Gondolly, Lascaud, Maison-Rouge, Montliard, Le Monteil, Les Potinées, Puy-Bardin, Puy-Japin, Serzat, Vallière.

Canton de Châtelus-Malvaleix

Commune de Bétête. — Beauvais, Bel-Air, Les Bracons, Charmassées, Le Chassin, Chère-Billon, Chez-Brigat, Chez-Léger, Chez-Chapon, Clavière, Ecosse, Frétet, Gourbi, Le Grand-Sou, La Grange, La Gravelle, Luyat, Moisse, Montbeau, Le Moulin-Fretet, Les Murailles, Nochet, Le Petit-Sou, Prébenoist, Le Puits, Pulaud, Riéros, La Rigauderie, Les Termes, Le Theix, Tournesac, La Villatte, Les Zéros.

Commune de La Cellette. — L'Age-Basse, L'Age-Moncervier, Les Angles, L'Avis, Les Betoulles, Le Bois-Lagrange, Boismots, La Bornes, Bordessoulle, Le Bost, Le Boueix, Le Boueix-Vieux, Les Caurets, Chaulsin, Chez-Genis, Chiroux, Les Combes, Les Coutemines, Daussaget, Le Doussat, L'Epinatz, La Forge, Fougeraud, Les Grands-Bois, La Grange-du-Pont, La Loge, La Maison-Neuve, Le Mas, Le Moulin-de-la-Cellette, Les Perelles, Pracelet, Le Puissesset, Puisselier, La Ranche-à-Burot, Le Rouillon, Les Taillis-du-Boueix, La Tronchette, La Vermillière, Villebonnois, Vilvet.

Commune de Châtelus-Malvaleix. — Le Batteix, Bazanges, Bellevue, Boudacher, Bramereix, Brousse, Brugne, Charlange, Chereix, Coudâne, La Faye, Les Jaumareix, Lauzine, La Loge, Le Magnoux, Le Moulin, Les Moulades, Pelade-Laudy, Les Pinardes, Les Pradoux, Le Py, La Sagne, Seiglerie, Sorge, Soumeranges, La Vaud, Verrière.

Commune de Clugnat. — La Barre, Le Bartheix, Batisse, La Boissatte, Le Breuil, Brosse, Busseire, Châtres-d'en-Bas, Châtres-d'en-Haut, Le Courtioux, Le Clous, La Couture, Domeranges, Doulon, Etables, La Faye-Chapon, Les Forges, Gadonneix, Georges, Les Gigots, Le Grand-Freneix, Le Grand-Mont, Ligondeix, Mazaud, Les Monceaux, Le Moulin-du-Clous, Le Petit-Aigu, La Petite-Faye, Le Petit-Freneix, Le Petit-Mont, La Pignolle, Poussanges, Poussangette, Pouzaud, Pradelette, La Ribérolle, Rouzier, Teline, Villaraud, La Ville, La Villetelle.

Commune de Genouillac. — Ambeau, Beaufont, Blandat, Le Bost, Brades, Le Bregeaud, Brissonnerie, Chadière, Chambon, Champ-Martin, Le Château, Les Chaumes, Chautrône, Les Chez, La Cour, Demardeix, La Forêt, Les Fougères, Fromentaux, Le Grand-Argère, Les Loges-de-Courbillon, Marcibaud, Montchauvon, Montfargeau, Montizoux, Moulin-de-Pomeroux, Les Mousseaux, Le Nouallet, Payzat, Le Petit-Argère, Les Poiriers, Pomeroux, Le Pont, Le Poteau, Prébourgneau, Rebouyer, La Roche, La Roussède, Les Sauvages, Solférino, Verrine.

Commune de Jalesches. — La Boulauderie, Château-de-la-Terrade, Chezeau, Grand-Aigu, Lavaud, Marcillat, La Terrade.

Commune de Nouziers. — Bordessoulle, Boucheron, Bréjeaux, Brépolles, Cour, La Cour, La Fat, Les Fonteilles, Les Fougères, Le Garraud, Gasserrotte, Gresse, Grospaud, Malicorne, Mazeaux, Part, Les Picards, Les Prugnes, Sardet, Le Soupé, Villebasse.

Commune de Roches. — Bagnat, Barbançais, Bazanges, Le Betoulet, Boueix-Braconais, Boueix-la-Chapelle, Le Bourliat, Bousserole, Braconnais, Les Brunauds, Chapelle, La Cofrette, Courjat, Fougerolles, Galaffre, La Goutte-aux-Vieux, Legrand, Marsaut, le Mas, Les Mégrets, Montagaud, La Perrelle, Peufuret, Prenède, Les Razet, Rebeyret, Rejoint, Rioux, La Tuilerie, Les Vergnes, La Vergnolle, Vieilleville, La Villatte.

Commune de Saint-Dizier-les-Domaines. — Beybet, Les Boissières, La Borde, Champolivier, Les Chaumes, Chépandu, La Coste, La Fayette, Fromentaux, Le Grand-Viergne, La Jarge, Labaux, Mandredeix, Le Mas, Les Montiaux, Les Pinaux, Puy-Maury, Rebbe, Le Theil, Les Vallettes, Les Varennes, La Verrière, La Viergne.

Commune de Tercillat. — Bazillon, Bellevue, Le Bois-Turguet, Les Bornes, Les Brages, Chezeau-Bernard, Follas, La Forge, Gâne-de-la-Ville, Maisons-Rouges, Moulin-de-Tercillat, Les Moulins, Les Pérelles, Le Peyrat, Pontet, Puisselier, Le Puy, Saint-Paul, La Tuilerie, Les Vergnats, Viviers.

Canton de Jarnages

Commune de Blaudeix. — Boursonneix, Claverolles, Les Corades, La Côterie, Moulin-de-Blaudeix, Le Puy-Rougié.

Commune de La Celle-sous-Gouzon. — Les Barraques, Besse-la-Cour, Bois-Vert, Chantegrue, Chantemergue, Circonstance, Les Courants, L'Epinassadière, Grand-Varenne, Laspouse, Manaly, Manerbe, Petit-Varenne, Rognolet, Thiolet.

Commune de Domcyrot. — Beaufaix, Beaupêche, La Croix-d'Orget, Fleurat, Les Granges, La Loubaude, Luzignat, Le Mas, Le Moulin-Meymat, Passelat, La Pouyade, La Prade, La Ribière, Le Rognonet, Servières, Thélines, Le Verger, Viges.

Commune des Forges. — Chez-Froux, La Levade, La Prugne.

Commune de Gouzon. — L'Aiguillon, L'Arbre-de-la-Marche, L'Augère, Auradoucix, Les Ayards, La Bâche, Les Barthalots, Belle-Etoile, Belle-Vue, Le Bouchéraud, Le Breuil, La Brosse, La Chabanne, Les Chaises-Bouchaud, Les Chaises-Brunes, La Chaud, Chezeauvert, La Corrade, Croix-de-la-Garde, La Feuillade, La Gagnerie, Grande-Garde, Labourège, Labrèche, Lavaud, La Louche, Les Manais, Le Mas, Le Maupas, Mérianne-d'en-Bas, Mérianne-du-Milieu, Mongrenier, Montbain, Moulin-de-Chezeauvert, Ourteix, Périgord, Petite-Garde, Les Pitas, Pont-de-Lavaud, Les Puyaux, Reville, La Seauve, Sourdoux, Le Toureau, La Tuilerie, Le Vernet, Vouéze.

Commune de Gouzougnat. — Beauvais, Champagne, Le Chiroux, L'Ebaupy-d'en-Bas, L'Ebaupy-d'en-Haut, Goze, Montegeat, Villaudy.

Commune de Jarnages. — La Barraque, Le Breuil, Clermonteix, Le Clos, L'Etang-Neuf, Goutte-Noire, Magnat, La Maison-Rouge, Le Meignot, Pierre-Blanche, La Pouyade, La Prairie, La Roussille, Sagnany, Villereix.

Commune de Parsac. — L'Age, Les Andrieux, L'Aubre, Le Bois, Bois-l'Etang, Le Bois-du-Fort, Brande-de-Marsat, La Chapelle, Château-de-Jardon, La Côte, Le Coudert-de-l'Arbre, La Croix-de-la-Gladiére, La Gare, Gladière, Les Goulets, La Gr lière, Jardon, Jarnagette, Laschamps, Lavaud, Madeleine, La Maison-Neuve, Marsat, Le Mas, Les Monceaux, Montignat, Les Moulins, La Plagne, Pothière, Riogille, Les Sagnes, La Vallette, La Villatte.

Commune de Pierrefitte. — Montazaud, Perpessat, Pinaud, Pot-Perdu, Riotat, Sourdoux.

Commune de Rimondeix. — Le Breuil, La Chabanne, Le Puy-Mouillerot, Semnadisse, Saintary.

Commune de Saint-Silvain-sous-Toulx. — Les Besses, Le Bois-du-Bouchilou, La Chassagne, Châtenet-le-Vieux, Fontaline, La Forêt, Le Gâne-du-Moulin, Montaguillaume, Le Monteil, La Roche, Vautredeix, La Vernade, La Villatte, La Villetelle.

Commune de Trois-Fonds. — Bête, Les Bruyères, Les Vétizons.

ARRONDISSEMENT DE GUÉRET

Canton d'Ahun

Commune d'Ahun. — Ayen-le-Grand, Ayen-le-Petit, Beauregard, Busseau, La Cassière, Le Champ-d'Ahun, Champeaubert, Chantegrèle, Chantemille, Les Chassagnes, Chauchady, Le Chézalet, Chez-Cassier, Chez-Chabril, La Chézotte, Clamérat, Le Cloud, Coudert, Félinas, La Grange, Les Granges, Laschamps, Lavaud, Maganachoux, Le Mas, Mas-du-Theil, Massenon, Mastribut, Molle, Montauriau, Montiouyoux, Moulelas, Le Moulin-des-Côtes, Le Peylet, Pierrefite, Le Puy-Trabaillon, Le Py, Trident.

Commune de Cressat. — Auguenlas, Azaget, Azat, Batacourat, Beauvais, Bellut, Boischatagnon, Bordas, Les Bounoux, La Bussière, Chatras-Bellevue, Chatras-d'en-Bas, Chatras-d'en-Haut, Chatras-du-Milieu, Combe-Sauvage, Le Cornet, La Coussedière, Epy, Fontigier, La Gare, Gouges, Javaudeix, Laumanges, Les Mazeires, Montbartoix, Le Monteil, Moulin-d'Epy, Les Poiriers, La Prèle, La Ribière-à-Rang, La Ribière-aux-Pigeons, Les Rues, Savenas, Les Thaulières, Le Theil, Viergnas, Villalier, La Villatte.

Commune de Lépinas. — Bois-de-Freyte, Bois-de-Montégudet, Le Cerier, Changrelle, Le Château, Cherlécunlong, Chez-Pater, La Conche, Le Coux, Drouillettes, Lavaud, Masmartin, Maspommier, Mont-Bas, Montégudet, Moulin-de-Stiergne, Le Pont-Neuf, La Porte, Les Pradelles, Rissat, Stiergne, La Terrade, Theil.

Commune de Maisonnisses. — Le Bois-du-Thouraud, Les Châtres, Chauchepaille, Chez-Pénoux, La Genette, Lachaud, Les Lignes, Le Mareix, Mazeimard, Le Moulin, La Mouline, Outrelaigue, Le Rivaud.

Commune de Mazeirat. — Bredier, Le Breuil, Chez-les-Villards, La Grangevergnaud, Longeville, Le Mas-de-Ceydoux, Pouzaud.

Commune de Moutier-d'Ahun. — La Barrière, Barrière-du-Moutier, La Borde, Chez-Déprès, Le Comte, Les Fosses La Grange-aux-Belles, Heyra, Le Marais, Marzan, Pontévrat, Pontsbrot, Pourtoux, Puyheraud, Sébastopol, Valaize, La Vaurette, Villemerle, Les Vignes.

Commune de Peyrabout. — Faux, Pétillat, Quade.

Commune de Pionnat. — Bautardeix, Beau-Franc, Beaugenêt, Les Borderies, Brejassoux, Le Breuil, Cerisier, La Chabanne, Chassagne, Châteauvieux, Les Chezeaux, Le Chier, Les Crozats, Les Deveix, Faye, Feyas, Les Forges, Les Forgettes, Fot, Garcitteix, Grande-Bableyte, Grand-prat, Laboureix, Labrouas, Labussière, Lacosse, Lapeyre, Lavalazelle, Lépinard, Marchives, Malagot, Ménardeix, Mezarnaux, Le Monteil, Moulin-de-Marchives, Moulin-de-Pont-à-l'Evêque, Moulin-des-Ronces, Moulin-de-Villetète, Néravave, Petite-Bableyte, Pont-à-l'Evêque, Proveix, Roche-Etroite, Les Ronces, Sagnevieille, Les Ternes, Tralabarre, Treissagues, La Villette-Ste-Marie, Villebige, Villechaud, Villetète.

Commune de Saint-Hilaire-la-Plaine. — Busselet, Ceydoux, La Chassagne, Chiroux, Combécot, Le Grand-Villard, Longchier, Maisonnettes-de-Busselet, Maisonnettes-de-Pradeau, Le Petit-Villard, Peyroux, Villevaleix.

Commune de Saint-Yrieix-les-Bois. — Beaumont, Bois-de-Chaumeix, Bois-Rousseau, Champrégnier, La Charse, Château-de-Beaumont, Chaumeix, Les Chezeau, Chierlat, Chiroux, L'Epeisse, La Faye, Manout, Pierregrosse, Tigoulêt, Villerégnier.

Commune de Vigeville. — Champchier, La Chaume, Coubarteix, Drouillas, Goumeneix, Malardeix, La Mardelle, Matribut, Les Mats, Les Monts, La Vergne.

Canton de Bonnat

Commune de Bonnat. — Beauvais, Bélair, La Bordes, Les Boueix, Le Breuil, Le Brouillet, Les Brousses, La Caure, Les Champs, La Chassagne, Les Chatelards, Les Chebasset, Le Cheveyron, Courrauds, Le Coussaget, Coussat, La Croix-Rouge, La Croix-Verte, Les Devants-Grandsagne, Devants-long-l'eau, Ecoubillat, Epirat, Félinas, Fressanaud, Les Frichedoires, Glaudeix, Grandsagne, Granchet, Grandes-Bordes, Le Magnoux, Le Montécot,

Maison-Neuve, Le Montatier, Le Monteil, Le Montilloux, Mornay, Moul-du-pont-à-la-Chatte, Moulin-du-Râteau, Petites-Bordes, Pierre-Couverte, La Plaine, Le Pont, La Pouge, Le Pouyoux, Le Quérut, Râteau, La Roche, La Sagne, Le Theil, Le Tourette, Villesigne, Villevaumont.

Commune de Cambon-Ste-Croix. — Bel-Air, Chez-Freguet, Le Moulin.

Commune de Champsanglard. — Beauvais, Bordas, La Bussière-Vidot, Les Chaises, Chambon, Champlat, Les Châtres, Closson, Les Dauges, Les Fougères, Lasv, Le Mas, Le Mondon, Le Peux, La Terranche, Tirrelangue, Vaillonnat, Le Villard.

Commune de Chéniers. — L'Age, L'Aiguille, Beaumont, Les Bordes, Les Carlières, Champeau-d'en-Bas, Champeau-d'en-Haut, Charrioux, Les Châtres, Chaumont, Chez-Rateau, L'Etat, Les Forges, Les Fougères, Le Fournioux, Les Granges, Heyredet, Heyret, La Mersolle, Le Monteix, Le Moulin-à-Eau, Moulin-de-Sardeix, Moulin-du-Pont, Moulin-Guillot, Moulin-Jolly, Le Naud, Le Peu, Piaud, La Pimparlière, Le Pinet, Reconsat, Le Repaire, La Roche, Rochetaillade, La Sagne, Les Sagnes Sardeix, Sciaux, Le Theix, La Thoueille, Les Touches, Tuilerie-de-Pouligny, Tuilerie-Martin, La Villatte, Villevaleix.

Commune de la Forêt-du-Temple. — La Forêt-du-Temple, Les Ganettes, Le Grand-Pommier, La Graule, Japeloup.

Commune du Bourg-d'Hem. — La Bussière, Chanteloube, Les Chezelles, Combrant, Fougère, Guémontet, Lassy, Loges-de-la-Villaine, Le Moulin-d'Hem, Le Moulin-du-Gay, Le Temple, La Vallade, La Villaine, Villebaston.

Commune de Linard. — Le Bois-Ferru, Chambonnet, Le Champbrenet, Charpagnes, Les Chauffaux, Le Chezeaud, Le Cros-Morin, L'Eguillon, La Fayole, Masdon, Le Moulin-de-Gautron, Nioux, Le Pommeroux, Ranciat, Le Soudrin.

Commune de Lourdoueix-Saint-Pierre. — Aigu-de-Bas, Aigu-de-Haut, Arfeuille, Le Baruliat, Beauregard, Bellevue, La Bernardière, Le Berniquet, Bessolles, Bois-de-Vost, La Brandière, Cadrix, La Cantine, Chanvillant, Château-de-Vost, Les Chaumes, La Chebrelle, Chez-du-Virly, Choueix, Cluzeau, Les Combes, Etinières-d'en-Bas, Etinière-d'en-Haut, Grange-de-l'Aiguille, Gourdes, Le Juge, Lafaye, Lâge-de-Pun, Laumeau, Lignaud, Les Marlières, La Mersolle, La Mitaine, Montmartin, Mont-Saint-Jean, Moulin-de-Crachepot, Moulin-de-Richemont, Moulin-de-Vost, Moulin-du-Gat, La Notte, Petit-Châtelus, Le Pin, Piodon, Point-du-Jour, Pollier, Praveix, Pun-d'en-Bas, Pun-d'en-Haut, La Ribondonnière, Richemont, Les Rochelas, Les Signolles, La Vacherie, Villechiron, Virly, Vost.

Commune de Malval. — Bellevue, Moulin-de-Malval, Pierrebise,

Commune de Measne. — L'Abbaye, Le Barraud, La Bergerie, Bonnut, La Boussige, La Bouzanne, Brousse, Champaville, Chantoiseau, Cheresse, Chezeau-Limousin, Les Fosses, Grandelut, Le Gest, La Goutte, La Goute-Piaudon, La Grande-Planche, Grand-Plaix, La Grange, Les Landes, Laugères, Lavaud, Marmeron, Le Mont, Montépinaud, Moulin-du-Guet, Moulin-Neuf, La Perrière, Pierres-Bures, Plaix-Goliard, Le Prémontet, La Roche, Les Sauzettes, Tailles-Assarets.

Commune de Mortroux. — L'Alliant, Les Assures, Les Bajois, La Betoulle, Les Borderies, Le Breuil, Caillet, Le Cros, Lagâne-Garaud, La Loge, Longchaume, Marchain, La Marche, Moulin-de-la-Forêt, Le Piaumont, La Ribière, La Rougère.

Commune de Moutier-Malcard. — Les Betoulles, Le Boislamy, Les Bouffiers, Le Bregeassou, La Bastant, La Cartelade, Les Coureix, Couchenoux, Les Curades, Doulon, Les Fonts-Moreaux, La Forge, Les Forges, La Forgette, La Fouette, Le Geay, Les Gouttes, Les Guérets, Lavavre, Les Maisons, La Mazerolle, Le Montaureux, Montgeorges, La Nouaille, Péplisson, Le Pétinaud, Les Poiriers, Le Pouyoux, Pradon-le-Jeune, Pradon-le-Vieux, Le Prêtabouret, Prévenchère, Les Quatre-Chemins, La Taille, Les Vérines, La Vergnade, Vichez, La Ville.

Commune de Nouzerolles. — Le Baillevent, Le Barron, Le Boucher, Le Bragoulet, Le Grand-Domaine, La Jarrige, Le Labinat, Le Puybalière, La Rapidière.

Canton de Dun

Commune de La Celle-Dunoise. — L'Age, Le Bachelier, Le Beausoleil, La Betoulle, Bouéry, La Brande, La Brousse, Caux, Cessac, La Chaise, Les Chiers, Le Chiron, Le Cluzeau, Les Combes, Le Coureau, Le Couret, Fanaud, La Gillardière, Grand-Marseuil, Les Granges, Les Granges de Cessac, Le Jouillat, Labussière, Lavallade, Lavaud, Lavillatte, Longsagne, Le Petit-Mareuil, Le Poirier, Le Puimanteau, Puisduris, Le Puy-Chevalier, Le Puyglareau, Puymartin, Le Puy-Redeuil, Tronchette, Villejoux, Villemort.

Commune de la Chapelle-Baloŭë. — Age-Boireau, Beau-regard, Le Courlet, La Deuxière, Le Goût, La Josset, La Maison-Seule, Le Petit-Josnon, Peyton, Peyrageat, Les Razades, La Vaudelière.

Commune de Colondannes. — Le Cros, Pertu, Le Petit-Bougoueix, Planteire, Le Ris, La Roche-Mangeon, Les Sagnes, La Villatte.

Commune de Crozant. — Age-quatre-maux, La Baron-nière, La Berthonière, Bochetet, Le Bosquin, La Brousse, Les Brousses, Champotray, Changotin, La Chapelle-Ste-Foy, La Charterie, La Chaudronière, Chebraud, Les Coublins, Le Couraud, Les Ecures, La Folie, Gouillon, Le Grand-Moulin, Les Granges, La Grange-du-Bois, La Guerlière, Josnon, Les Jougettes, La Journalière, Les Lechères, Maisons, La Maltière, La Minaudière, Molignière, Mont-Sarrasin, Moulin-Barrat, Le Moulin-de-Josnon, Le Moulin-Neuf, Le Pêcher, Pillemongin, Les Places, Le Pont-Cha-raud, Le Puy-Baron, Riboix, Villegouet, Villeneuve, Vitrat.

Commune de Dun. — La Forêt, La Gassotte, Le Genar-don, Lafon-Martin, Prède-la-Celle, Le Puybrevier, La Tuilerie, Tursat, La Valette.

Commune de Fresselines. — Beauregard, La Blardière, La Bretaudière, La Bussière, La Chaise-Gounot, La Chaize-Peignen, Champroix, Champteloube, La Charpagne, Châtre, La Chinaud, Les Combes, Confolant, l'Etet, Les Forges, Le Grand-Drablet, La Grande-Métairie, Les Granges, Les Huppes, Lacoux, Lâge, Lâge-Moreaud, Lauzine, Lavaud, Laveauvieille, La Minaudière, Moulin-de-Lâge, Le Petit-Drablet, Pierre-Folle, Porme, Le Priorat, Puyguillon, Le Puyrageaud, La Renauchat, Le Rivaud, La Roche, La Roche-Blond, La Sagne, Les Sorlières, Vervix.

Commune de Lafat. — La Bière, Les Bières, Bordessoule, La Bussière, Chadreugnat, Le Chiron, La Coquetière, Les Coutures, La Dauge, Les Genêts, Les Goutte-Chave, La Grande-Guierche, La Josset, Les Ligues, Maison-Alhaud, Moulin-de-la-Borde, Moulin-de-la-Ligue, Le Moulin-du-Pin, Moulin-Gayaud, Le Pertuis, Le Petit-Pin, Paulement, Peux-Guerchois, Le Potbouché, Puy-Joly, La Réjade, Vil-lemoneix.

Commune de Maison-Feyne. — Le Breuil, Le Champion, Chantemilan, La Couture, Ferrandière, La Font-Rollet, Fournier, Le Gast.

Commune de Naillat. — Les Aires, Audine, Azat, La Barde, La Bastide, Les Beiges, Le Bost, Bougonet, Bourdeau, Chabannais, Champfrier, Les Couteaux, Forges, Les Fougères, Les Francs, Freteix, La Gassotte, Le Grand-Courret, Les Granges, Gros-Bost, Lagardette, Lavaudaguet, Lavaugautier, Mendement, Monteil, Pécut, Petit-Courret, Peyrat, Plantady, Poulignat, La Pouge, Prancu, Puyjaragne, Puymouche, La Rebeyrolle, Les Ribières, La Salesse, Teillablon, Teilleux, La Vallette, La Vergne, Les Villcttes.

Commune de Sagnat. — Beaupré, Beauvais, Les Genètes, La Grande-Renardière, La Petite-Renardière, La Roche, La Sagne.

Commune de Saint-Sébastien. — Anguignier, Aubignat, Beaumont, La Betoulle, Boisbelle, Bougbert, Le Carré, Le Coupier, Fontpérine, Labussière, Lagoutte, Lagouttejean, Laigue, Lanaud, La Lande, La Maisonneuve, Marainon, Parchimbeau, Peuchemin, Peuffé, Peugueffler, Puymory, Le Repaire, Trébugest, Vaussujean.

Commune de Saint-Sulpice-le-Dunois. — Bas-Nouzirat, Bordes, Champotier, Châtelus, Chézeau, Chier, Courtioux, Gest, Glateret, Grand-Monpion, Grandprat, Grangevieille, Haut-Nouzirat, Labarde, Labrugière, Lage, Lagemorin, Lavaucoupet, Létang, Mas-Saint-Jean, Mesures, Montchaudrier, Montrignat, Petit-Monpion, Puigerolle, Puiléger, Rateries, Rousseau, Seigues, Souvolles, Termes, Terrassin, Vauxfouines, Verrines, Villars, Villedries, Villemalard.

Commune de Villard. — L'Allouette, Beauvais, Boudelogne, Bramant, Chambourtiére, Chambourtrette, Les Coutures, Les Frais, Les Genêts, Le Gué-Cornu, La Jardreix, Lavaud, Le Mont, Mortegouttes, Le Pècher, La Pérelle, Pont-de-l'Enfer, Pramort, Les Prugnes, La Quesnière, Tenaize, Le Terrail, Les Vergnes, Vitrat.

Canton du Grand-Bourg

Commune de Chamborand. — La Barre, Bellivier, La Chaise, Chiron, La Côte, Coudert, Cuculourd, Fougères, Grand-Neyrat, Lovardeau, Matrange, Mont-Pelat, Moulin-de-l'Etang, Moulin-des-Planches, Petite-Faye, Peyrou, Puy-Beaumas, Renardive, Thaulisse, La Vergnolle.

Commune de Fleurat. — Les Boueix, Bresenty, Les Fougères, Les Grandes-Loges, La Grange, Les Petites-Loges, Le Peux, Les Plats, Pradeau, Les Trois-et-Demie, Le Vergnoux.

Commune du Grand-Bourg. — L'Age-au-Bert, L'Age-au-Fils, L'Age-au-Seigneur, Ardannes, Les Bains, La Barde, Barret, Barriat, Besse, Bostpillat, Bourale, Bourdicole,

Boussiroux, Le Breuil, La Brousse, Chanteranne, Charrias-soux, Chezoles, Cloux, Condat, Collonges, Couvalettes, Les Essarts, La Folie, La Forge, Les Gorses, Les Granges, Gressolle, Huvier, Jeansannes, Johet, Jonquet, La Lande, Langlard, Lafaye, Lascoux, Laseroux, Launière, Lavaud, Lavaudroiy, Lavillatte, La Loge, Lille, Livergnat, Longe-ville, Lurat, Le Magillier, Masvigner, Mas, Masdot, Mas-maux, Le Masroy, Meillassoux, La Montagne, Montenon, Morinoux, Mouletier, Moulin, Moulin-de-Barriat, Moulin-de-Chalibat, Moulin-de-la-Roche, Moulin-du-Pont, Moulin-de-Soubrebost, Niboulcix, Nouvelour, La Peyre, Peyron-net, Le Pontférant, Popagnagot, La Pouyade, La Ribbe, Ribles, Ribettes, Ruffier, Salagnac, Selles. Seury, La Ter-rade, Les Thermes, La Toueille, La Vallade, Vergnolle, Vieilleribière, Villesanges.

Commune de Lizières. — Boruges, Chéronnade, Le Couret, Gorces, Lâge-sous-Mathieu, Leyport, Librassoux, Librat, Maubrant, Maumas, Mavigner, Neuville, Nibouleix, Palissoux, Peu-de-Lantais, Querroy, Savignat, Sudrie.

Commune de Saint-Etienne-de-Fursac. — Ansannes, Beauvais, Belleville, Le Bois-Auxarrais, La Chaise, Chas-tenet, La Cour, Crépiat, La Gâne, Gaulièra Les Granges, Labussière, Lachérade, Laprade, Larivaille, Laroudeaux, Lascaugiraud, Lœil, Longvert, Marliannes, Les Moides, Montfromage, Montigoux, Le Moulin-du-Temple, Les Mou-lins, Neuville, Palais, Paulhac, Le Petit-Neyrat, Le Fuy-Gerbon, La Roberterie, Les Roches, La Sonnerie, Surveil-lannes, Les Vergnes.

Commune de Saint-Pierre-de-Fursac. — Chabanneju-deau, Chabannes, Chiroux, Clopet, Créchat, La Croix, Cros, Folasseau, Le Galateau, Goanet, Les Granges, Lavaubarraud, Mailletard, Monbrand, Montois, Le Peux, Puy-de-Cros, Ribbe, Sainte-Catherine, Sainte-Marie, Les Sibieux, Tancognaguet.

Commune de Saint-Priest-la-Plaine. — La Bachellerie, Besse, Besseresse, La Chaize, Les Chers, Le Coux, Les Gazons, Marchanteix, Le Montembert, La Quaine, Quinsac, La Ribière-Bayard, Le Rioux, Saint-Hilaire, Vieilleville.

Canton de Guéret

Commune d'Ajain. — Bois-Lavaud, Chassagne, Cherla-vaud, Gounéchas, Grosmont, Laborde, Lacourcelle, Lan-geas, Laschamps, Loubier, Maison-du-Beau, Les Monts, Moulantiers, Neuville, Pont-à-laDauge, Pont-à-Lipaud,

Puy-Gaillard, Rameix, Roudeau, Rougnat, Teifraud, Villarvant, Villebèbe, Villechabut, Villendry.

Commune de La Chapelle-Taillefert. — Les Borderies, Le Breil, La Caure, La Chenaud, Le Chier, Le Chiroux, Les Combes, Lardilher, Lavaud, Malvisé, Le Montmallet, Le Montuaud, Le Quéroix, La Rue-Haute, Le Souchat.

Commune de Glénic. — Bonnavaud, Bouchetaud, Chalembert, Chanteranne, Chênevert, Chibert, Les Ecures, Labrousse, Lachassignole, Lavaud, Mauques, Mondoueix, Moulin-de-Châtelard, Moulin-de-Chibert, Moulin-des-Côtes, Moulin-Neuf, Mounier, Naud, Peyzat, Pont, Vaumoins, Véchères, Villechenille, Villegondry, Villejavat, Villelot, Villely, Villemôme, Villéput Villeraput.

Commune de Guéret. — Bas-Breuil, Le Beauregard, Bellevue, Bordesoulle, Braconne, Champegaud, Chandonnet, Changon, Châteauvieux, Cherbailloux, Cherdemont, Cherdon, Cher-du-Prat, Chermaintoux, Corbenier, Courtilles, Faulette, Fayolle, Fontaucher, Fressanges, La Gorce, Les Granges, Jouhet, Lâge, Maindigour, Malleret, Maupuy, Montplaisir, Moulin-de-L'Age, Petit-Bénéfice, La Pigue, Pisseratte, La Pouyade, Puy-Rousseau, Réjat, Rochefort, La Rodde, La Varennes, Vernet.

Commune de Jouillat. — Boisfranc, Bretouilly, Le Breuil, Châtelard, Le Chêne, Lascoux, Lavaud, Lombarteix, Mounier, Péchadoire, Le Prat, Les Ribières, Les Rivailles, Rochéraud, Roussine, Soulat, Les Tâches, Villecoulon, Villemorte, Villetot, Villevaleix.

Commune de Ladapeyre. — Bellevue, Bois-Petit, Bord, Les Bordes, Bordessoule, Les Boueix-d'en-Bas, Les Boueix-d'en-Haut, Chabannes, Champérot, La Chassagne, Le Château-de-la-Dauge, La Combe, La Côte, Le Coudard, Coutisse, Le Crocq, Les Dieurneix, Folbeix, Gonde, Goursat, Le Jabard, Lacube, Larochette, Massonnet, Molle, Les Monceaux, Montalchier, Montcheny, Les Monteix, Mouéru, Moulin-de-la-Roche, Les Poux, Le Quéroix, Rizat, La Roche, Roucillat, La Saillant, La Trimouille, La Villatte, Villesume.

Commune de Saint-Christophe. — Les Forges, Gascougnoles, Le Gasfaud, Le Masforeau, Le Masgiral, Monismes, Les Rioux, Les Sagnes, Le Theil.

Commune de Sainte-Feyre. — Les Bains, Banassat, Bordessoulle, Le Breuil, Brugnat, Changon, Charsat, Le Château, Les Châtres, Chaulet, Cherpont, La Combette, Le Couret, Couteilles, La Faye, La Gare, Gorce, Laspeiras,

Lasvaud, Meyrat, Moulin-de-la-Planche, Moulin-des-Vergnes, Moulin-du-Cher, Neuville, La Nouzière, Ossequeux, Peupelat, Pont-à-la-Dauge, La Prade, Puychauveaud, Puydurand, La Ribière, Les Sables, Le Theil, Les Vallades, La Vallette, Le Verger, La Vergne, Villasmeillas, Villasprouas, La Villatte, Villecorbet, Villecusson, Villedard, Villemaux, Villepetout, Villeseroine, Voust.

Commune de Saint-Fiel. — La Barde, Bois-Chabrat, Bournazaud, Champredon, Chapitre, Château-d'Eau, Chavanat, Chier-de-Bas, Chier-de-Haut, Croze, Grand-Moulin, Les Granges, Lardillat, Les Penots, Les Plats, Pouzadour, Le Roudeau, Valette, Les Verrines, La Villetelle.

Commune de Saint-Laurent. — Barbant, Bordessoulle, Le Cante, Le Chezéaux, Les Cros, Montbreger, Le Moulin-du-Cher, Le Puypascaud, Le Teilloux, La Terrade, Teyrat, Villandury, Villebrier, Villeservine.

Commune de Saint-Victor. — Barraud, Beauvais, Bussière, Chabannes, Les Grands-Boueix, Le Lac, Lavallade, Le Montpeyroux, Les Petits-Boueix, Prugnaud, La Rebeyrolle, Roubeau, Talabot, La Villatte-Billon, Ville, Villedary.

Commune de La Saunière. — Banassat, La Betoulle, La Correspondance, Frédefont, Luttes, La Mazeire, Méminas, Le Méry, Sagne-Mauri, Therat.

Commune de Savenne. — Badant, Le Bois-du-Cher, La Cassière, Le Grand-Méry, Le Moulin de Ste-Claire, Le Moulin-des-Vergnes, Reillat, Les Vergnes.

Canton de Saint-Vaury

Commune d'Anzême. — Aube, Birat, Busserolles, Cherfoulaud, Chignaroche, Chinavieux, Clérat, Courtilles, Forges, Fournoue, Grande-Breuille, Jupille, Mont-But, Le Moulin-d'Anzême, Péchadoires, Petite-Breuille, Puy-Barjon, La Roche, Romeille, Soumandes, Le Theil, Ventenot, Le Vigniaud.

Commune de La Brionne. — L'Arpent, Brillaudoueix, Les Cantines, Chezalbenoit, Les Fayes, Les Loges, Maufanges, Le Peux, La Station, Les Termes.

Commune de Bussière-Dunoise. — Balsac, Beauvais, Bors, Le Bouchaud, Cessac, Les Chaises, Châtenet, Cherbetoux, Le Chezeaud, Chez-la-Forge, Cornissat, Les Couperies-Basses, Les Couperis-Hautes, La Cour et le Moulin, Les Cubes, Drouillat et le Moulin, L'Echorgnat, La Faye, Frontfroide, Fougerat, Le Frais, Fressignes, Les Gouttes, Les Granges, Jalletat, La Jaugée, Lamaury, Langledure,

Linard, Linard-le-Moulin, Les Mas, La Mesure, Monneger, Le Mont, Moulin-du-Rivaud, Neuville, Orfeuille, La Perche, Petit Bors, Peurousseau, Le Peux, Pui-Jean, Le Rioux, Rissat, La Seauve, Les Termes, Vennes, La Vergne.

Commune de Gartempe. — La Bras, La Chansiauve, La Chassagne, La Grande-Neuville, Luchat.

Commune de Montaigut-le-Blanc. — Agnat, Busserolles, Chazettes, Le Coudert-des-Babes, Le Grand-Montaigut, Les Jarousses, Joux, Lachaud, Le Monteil, La Petite-Neuville, La Station, Villepreaux.

Commune de Saint-Léger-le-Guérétois. — La Barderie Les Betoulles, La Caurre, Fauvallier, La Gâne, La Lose, Murat, Le Pradeau, La Rue-Basse, La Villette.

Commune de Saint-Silvain-Montaigut. — La Barraque, Charraud, Confolent, La Graulade, La Faye, Le Mosbouson, Le Monteillard, Rebeyras, Sous-la-Faye, La Villatte.

Commune de Saint-Sulpice-le-Guérétois. — Allong, Banassat, La Betoulle, Chamilloux, Cherchory, Cherpelat, Cherroret, Choizeau, Clavérolle, Clavière, Clocher, Colombier, Les Coussières, Figier, Les Fougères, Frémont, Glane, La Grange, Labussière, Lavillatte, Longechaud, Mazaudoueix, La Maitairie, Montbut, Le Monteil, Montlevade, Mouchetard, Moulin-du-Champ, Les Moulins, Noyen, Pissaloux, La Ribière, La Roderie, Ruelle, Les Sagnes, Sousfaye, Teix, Villard, La Ville-du-Croc.

Commune de Saint-Vaury. — Balcine, La Breuille, Ceroux, La Chassignole, La Châtre, Chaulet, Chaussades La Chérade, Le Chez, La Cour, Demoranges, Dompeix, L'Espérance, Etempes, Les Forges, La Gasne, La Jarrige, Langlade, Lascaux, Lorcivaux, Lavaux, La Loge, La Magnenne, Le Magnenon, Martiat, Masbrenier, Le Masgaud, La Mazeire, Le Mazet, Mondon, Le Mont, Le Montcheny, Moulin-de-Barny, Le Moulin-de-la-Ville, Moulin-du-Milieu, Moulin-du-Pavillon, Neypoux, La Pàque, Pautour, Le Pavillon, Le Pêcher, La Petite-Siauve, Peurousseau, Peux-Barbrux, La Peyrade, Le Peyroux, Ribier, Le Rivaud, Roches, Le Rondeau, Sainte-Berthe, Saint-Martin, La Vallette, Les Vergnolles, La Villame, Villerambeau, Villeslivaux, Villevaleix, Vouyoux.

Canton de La Souterraine

Commune d'Azerables. — L'Age-du-Mont, Aubipière, La Bazannerie, Beauregard, Beauvais, Le Bost, Bournazeau, Les Brosses, Chantagruc, Chanteloube, La Chaume, La

Chardonnerie, Le Couret, La Fayole, La Forge, Les Genêts, Glatignat, Jeux, Lascoux, Lignat, La Maison-Neuve, Mandrezat, Le Mas, La Mesure, Mondion, Mondolant, Montjouant, Le Moulin-Plé, La Pedière, Los Penots, Punétier, Le Quérut, Le Rossignol.

Commune de Bazelat. — L'Age-Pouret, Beauregard, Le Bonichaud, Le Chassin, Le Chezeaupion, Les Forges, Le Grand-Dognon, Mazerolles, Morlon, Le Petit-Dognon, Le Poirier, Villetenant.

Commune de Noth. — Aigueperse, La Barde, Le Bascavillot, Beaulieu, Bonneuil, Le Bosquénard, Chanteborde, Le Charras, La Chéronade, Fontgeneuil, La Forêt, Les Forges, La Fost, La Grande-Cazine, Lavaud, Le Mas, Masguelat, Le Mont, La Petite-Cazine, Les Petites-Fougères Le Puitabardeau, Le Puymerlin, Rechignevoisin, La Roche, La Sagne, Le Serrier, La Terrade, Villars, Le Voudry.

Commune de Saint-Agnant-de-Versillat. — Beautribeau, Le Boucheron, Le Boussardon, Le Brac, Le Breuil, La Caffarderie, La Chadrolle, Les Champs, Le Chandron, Chansaud, Les Chassagnes, Chateneuil, La Chenedière, Le Cluzeau, La Coussedière, La Croux, La Cueillère Les Fougères, Les Gouttes, La Grande-Vergnolle, Le Grand-Mauze, Le Grand-Vacher, Le Guénet, Issouby, Lage-du-Beau, Lascoux, Laumône, Lieux, La Maison-Neuve, Les Maisons, Le Marchat, Marteix, Mazégoux, Montmerle, Le Moulin-de-Chansaud, Le Moulin-Vent, Le Moulin-Porcher, Les Moulins, La Paire, Le Petit-Couret, Le Petite-Piégerie, La Petite-Vergnolle, Le Petit-Mauze, Peubraud, Peudhoueix, Peufeurier, Peuplat, La Piègerie, Le Pommeroux, La Prugne, Le Puyrolland, Puyvinaud, La Rebeyrolle, Les Sauvages, La Terrade, Vilberthe La Villaugoueix.

Commune de Saint-Germain-Beaupré. — Les Chapelles, Le Château, Le Dognon, Forgevieille, Les Grotonnières, Labrauderie, Lorioux, La Maisonbraud, Moulin-du-Bois, Peubrot, Le Peu-Voscrie, Pierrefitte, Proges, La Roche Tuillerie.

Commune de Saint-Léger-Bridereix. — La Bussière, Châtillon, La Forest, Le Fresse, La Guillerie, Las-Coux, Le Masrouzeau, La Rue, Vavre.

Commune de Saint-Maurice. — Bachellerie, Balaton, La Bauche, Bois, Les Bordes, Bordessoulle, Le Bost, Brojaud, Le Cerisier, Le Chaussat, Les Combes, La Côte, Couret-Farioux, Dognon, La Faye, Les Forges, Les Fougères, Fressanges, Gacheny, Le Grand-Beissat, Le Grand-Couret, La Grande Vallade, La Jarige, Lagetroinet, Lascoux, Lavaud, Lerchy, Maffe, La Maison-Rouge, Le Mont, Le Petit-Beissat, Le Pommier, La Porte, Puyresson, Puy-Robin, Puirolle, Queroy, La Romade, Rissac, La Soumagne, La Terrade, La Vallade-de-Bordessoule, Le Verger, Vitrat.

Commune de Saint-Priest-la-Feuille. — Batignolles, Le Bec, Le Breuil, Châtelus, Commarteau, Le Coux, Cressat, La Drable, Le Drut, La Feuille, Fréminge, Labathonnerie, Labergeade, Lageauchoux, Larcheiroile, Laribière-Boijeau, Lasioux, Lavaud, Lavillatte, Laxilleaubert, Lavilleaubrun, Masfévrier, Mazeiras, Le Monteil, Montpensoux, Mortorat, Moulin-de-Chatelus, Moulin-de-Laribière, Moulin-de-Laribière-Boijeau, Moulin-de-Semme, Moulin-du-Drut, Moulin-Neuf, Neravaud, Nernuit, Sagnemoussouse, Semme, Souvelinge, Les Verrinnes.

Commune de La Souterraine. — Barneige, Beauvais, Le Bois-Bimbi, Bousseresse, Budier, La Bussière-Madeleine, Château-des-Rosiers, Châteaurenaud, Le Chez, La Côte, La Croix-Pierre, Croix-Saint-Eutrope, La Croix-Saint-Martial, Le Cros, Crosmont, Les Granges, L'Hermitage, Les Hommes, La Jasse, Jéraphie, Justice, Lage-au-Roux, Lage-Bouvier, Lage-du-Curé, Leglais, Leysat, La Magne, Malonze, Mauvernis, Mazoudier, Moulin-Barraud, Le Moulin-Braud, La Parondelle, Les Pentes, Les Petites-Maisons, Peumaillat, Penroche, Phot, La Pisserotte, Les Pluits, Le Poirier, Le Pont-Neuf, La Pouyade, La Prade, Puichevrier, Puy-la-Pierre, La Rue, Sauzet, Taillades, Les Vergnes.

Commune de Vareilles. — Bosseneuil, Bouchais, La Breuille, Clairbise, La Combe, La Fat-Vieille, Fontvieille, Les Genêts, La Jarlaud, Montlebeau, Le Peu, Le Peufier.

DICTIONNAIRE

des

COMMUNES

PAR ORDRE ALPHADÉTIQUE

~~~~~~~~~~

SUPERFICIE, POPULATION & DISTANCE KILOMÉTRIQUE

aux chefs-lieux du canton, de l'arrondissement et

du département.

~~~~~~~~~~

DICTIONNAIRE DES COMMUNES

COMMUMES	ARRONDᵗ.	CANTON	SUPERFICIE en hect.	POPULA-TION.	DIST. KIL. au chef-lieu de CANT.	ARRᵗ.	DÉPᵗ.	PAGES
Ahun	G	Ahun	3403	2475	0	20	20	60
Ajain	G	Guéret	3271	1910	11	11	11	61
Alleyrat	A	Aubusson	950	351	5	5	38	56
Anzème	G	Saint-Vaury	2925	1443	13	12	12	66
Arfeuille-Châtain	A	Evaux	2049	1026	16	31	55	24
Arrênes	Bᶠ	Bénévent	2259	1139	8	23	31	49
Ars	A	St-Sulpice-les-C.	2167	1006	5	11	32	57
AUBUSSON	A	Aubusson	1926	6723	0	0	41	55
Auge	B	Chambon	997	385	11	24	40	26
Augères	Bᶠ	Bénévent	1243	563	10	19	19	41
Aulon	Bᶠ	Bénévent	1086	610	7	18	20	48
Auriat	Bᶠ	Bourganeuf	2141	790	18	18	50	34
Auzances	A	Auzances	696	1472	0	31	61	15
Azat-Châtenet	Bᶠ	Bénévent	951	510	14	18	19	41
Azerables	G	La Souterraine	3933	2180	14	49	49	51
Banise	A	St-Sulpice-les-C.	1058	594	9	16	34	35
Basville	A	Crocq	2264	632	3	25	68	17
Bazelat	G	La Souterraine	1343	862	15	41	41	51
Beissat	A	La Courtine	1449	448	9	29	72	54
Bellegarde	A	Bellegarde	322	692	0	11	51	20
Bénévent-l'Ab.	Bᶠ	Bénévent-l'Abb.	1164	1827	0	24	24	48
Bétête	B	Châtelus	2825	1214	9	11	33	73
Blaudeix	B	Jarnages	694	491	6	18	21	73
Blessac	A	Aubusson	1777	608	5	5	42	56
Bonnat	G	Bonnat	4548	2790	0	22	22	76
Bord-St-Georges	B	Boussac	3247	1192	15	15	44	30
Bosmoreau	Bᶠ	Bourganeuf	901	568	7	7	27	38
Bosroger	A	Bellegarde	755	340	5	9	48	27
BOURGANEUF	Bᶠ	Bourganeuf	2254	3902	0	0	32	39
BOUSSAC	B	Boussac	152	1327	0	0	40	70
Boussac-les-Eg.	B	Boussac	3857	1398	2	2	42	71
Brousse	A	Auzances	367	129	8	6	6	15
Budelière	B	Chambon	2678	898	6	32	52	25
Bussière-Dunoise	G	Saint-Vaury	4196	2942	7	15	15	66
Bussière-Nouv.	A	Auzances	862	364	7	26	56	15
Bussière-St-G.	B	Boussac	2232	746	12	12	43	72
Ceyroux	Bᶠ	Bénévent-l'Abb.	1213	621	8	18	23	48
Chamberaud	A	St-Sulpice-l-Ch.	738	412	7	20	25	59
Chambon-Ste-Cr.	G	Bonnat	666	306	15	30	30	76

COMMUNES	ARRONDᵗ.	CANTON	SUPERFICIE en hect.	POPULA- TION.	DIST. KIL. au chef lieu de CANT.	ARRᵗ.	DÉPᵗ.	PAGES
Chambon-sur-V.	B	Chambon	3359	2534	0	25	45	23
Chambonchard	A	Evaux	1286	406	6	51	57	16
Chamborand	G	Grand-Bourg	1118	791	6	20	26	48
Champagnat	A	Bellegarde	2999	1620	5	15	46	21
Champsanglard	G	Bonnat	1364	800	9	15	15	65
Chard	A	Auzances	1433	618	11	28	70	14
Charron	A	Evaux	3012	1197	17	38	67	16
Châtelard	A	Auzances	244	132	9	27	67	15
Châtelus-Malv.	B	Châtelus	1485	1352	0	16	26	74
Châtelus-le-Mar.	Bᶠ	Bénévent	4319	1862	16	18	30	42
Chavanat	A	St-Sulpice-l-Ch.	1264	632	8	19	31	36
Chénérailles	A	Chénérailles	783	1201	0	19	29	28
Chéniers	G	Bonnat	3490	1835	10	26	26	76
Clairavaux	A	La Courtine	2740	812	14	22	64	52
Clugnat	B	Châtelus	4245	2208	10	10	30	73
Colondannes	G	Dun-le-Palleteau	1070	665	5	29	29	68
Cressat	G	Ahun	3349	1693	9	23	23	60
Crocq	A	Crocq	1415	1074	0	27	69	17
Crozant	G	Dun	3177	1546	12	40	40	67
Croze	A	Felletin	2209	910	8	19	62	52
Domérot	B	Jarnages	2472	1046	13	13	31	73
Dontreix	A	Auzances	4774	2057	7	38	69	15
Dun-le-Palletau	G	Dun	981	1786	0	27	17	68
Evaux	A	Evaux	4398	3183	0	44	50	24
Faux-la-Mont.	A	Gentioux	4795	1924	7	39	63	31
Faux-Mazuras	Bᶠ	Bourganenf	1996	584	3	3	35	38
Felletin	A	Felletin	1362	3360	0	11	54	53
Féniers	A	Gentioux	1435	507	12	39	71	52
Flayat	A	Crocq	3549	1036	12	39	81	12
Fleurat	G	Grand-Bourg	1232	732	11	18	18	68
Fontanières	A	Evaux	1578	793	8	36	57	16
Fransèches	A	St-Sulpice-l-Ch.	1817	1085	4	14	30	50
Fresselines	G	Dun	3058	1988	11	34	34	77
Gartempe	G	St-Vaury	949	395	7	15	15	45
Genouillat	B	Châtelus	3530	1818	7	19	27	74
Gentioux	A	Gentioux	6255	1451	0	32	61	31
Gioux	A	Gentioux	3718	969	12	24	62	52
Glénic	G	Guéret	2711	1337	7	7	7	64
Gouzon	B	Jarnages	3599	1519	14	18	31	29

COMMUNES	ARRONDt.	CANTON	SUPERFICIE en hect.	POPULA-TION.	CANT.	ARRt.	DÉPt.	PAGES
Gouzougnat	B	Jarnages	1054	363	9	22	29	30
GUÉRET	G	Guéret	2565	7065	0	0	0	62
Issoudun	A	Chénérailles	2907	1060	8	16	30	58
Jalesches	Bf	Châtelus	845	458	6	12	29	73
Janaillat	B	Pontarion	2841	1563	13	15	23	41
Jarnages	B	Jarnages	919	853	0	25	20	73
Jouillat	G	Guéret	2199	1376	14	14	14	65
La Brionne	G	Saint-Vaury	646	286	6	08	08	45
La Celle-Barmont	A	Crocq	1614	606	6	20	62	19
La Celle-Dunoise	G	Dun	2903	1880	10	22	22	66
La Celle-s-Gouz.	B	Jarnages	1414	391	12	16	31	30
La Cellette	B	Châtelus	2148	980	15	18	35	74
La Chapelle-Bal.	G	Dun	868	453	11	39	39	67
La Chap.-St-Mar.	Bf	Pontarion	1019	411	8	18	20	37
La Chapelle-Tail.	G	Guéret	1382	716	9	9	9	44
La Chaussade	A	Bellegarde	716	311	5	7	44	27
La Courtine	A	La Courtine	2352	978	0	37	78	13
Ladapeyre	G	Guéret	3109	1510	20	20	20	73
Lafat	G	Dun	2127	1014	6	34	34	68
La Forêt-du-Tem.	G	Bonnat	705	476	12	34	34	75
La Mazière	A	Crocq	1019	281	7	27	70	14
La Nouaille	A	Gentioux	4757	1393	11	24	50	35
La Pouge	Bf	Pontarion	768	335	9	19	29	37
La Rochette	A	Aubusson	1517	694	9	9	34	56
La Saunière	G	Guéret	750	469	8	8	8	61
La Serre-Bus.-V.	A	Chénérailles	1444	680	15	19	45	21
La Souterraine	G	La Souterraine	3690	4929	0	35	35	50
Lavaveix-l-Mines	A	Chénérailles	449	3423	10	18	25	59
Lavaufranche	B	Boussac	1633	622	7	7	48	69
La Villedieu	A	Gentioux	559	293	12	40	60	32
La Villeneuve	A	Crocq	430	317	7	27	69	19
Le Bourg-d'Hem	G	Bonnat	1539	853	8	17	17	66
Le Chauchet	A	Chénérailles	1062	431	15	18	45	22
Le Compas	A	Auzances	1682	802	6	30	62	15
Le Grand-Bourg	G	Grand-Bourg	7832	3171	0	20	20	45
Le Mas-d'Artige	A	La Courtine	1621	356	7	31	74	12
Le Monteil-au-V.	Bf	Royère	1440	607	12	17	36	35
Lépaud	B	Chambon	2412	822	8	18	25	26
Lépinas	G	Ahun	1519	810	11	13	13	43

COMMUNES	ARROND.ᵗ	CANTON	SUPERFICIE en hect.	POPULA-TION.	DIST. KIL. au chef-lieu de			PAGES
					CANT.	ARR.ᵗ	DÉP.ᵗ	
Les Forges	B	Jarnages	377	158	13	23	30	29
Les Mars	A	Auzances	1298	702	6	29	68	14
Le Trucq	A	La Courtine	1790	300	6	31	72	12
Leyrat	B	Boussac	1832	472	7	7	47	69
Linard	G	Bonnat	1260	591	6	28	28	76
Lioux-les-Monges	A	Auzances	743	269	10	26	61	15
Lizières	G	Grand-Bourg	1467	732	9	27	27	47
Lourdoueix-St-P.	G	Bonnat	4457	2194	14	32	32	76
Lupersat	A	Bellegarde	3264	1569	5	47	56	21
Lussat	B	Chambon	4808	1212	8	21	40	30
Magnat-l'Etr.	A	La Courtine	2587	1825	12	28	70	54
Mainsat	A	Bellegarde	3497	2235	13	24	50	22
Maison-Feyne	G	Dun	1327	638	4	31	31	67
Maisonnisses	G	Ahun	1818	720	14	14	14	43
Malleret	B	Boussac	2543	709	8	8	35	71
Malleret	A	La Courtine	1181	287	10	33	75	12
Malval	G	Bonnat	403	166	4	26	26	75
Mansat	Bf	Bourganeuf	942	376	5	5	32	39
Marsac	Bf	Bénévent	1967	1147	4	26	28	48
Mautes	A	Bellegarde	2267	1051	10	22	61	19
Mazeirat	G	Ahun	772	302	10	12	12	60
Méasnes	G	Bonnat	2772	1568	19	41	41	77
Mérignat	Bf	Bourganeuf	2039	706	6	6	32	41
Mérinchal	A	Crocq	4546	2032	7	7	39	42
Montaigut-le-Bl.	G	St-Vaury	1724	787	11	16	16	45
Montboucher	Bf	Bourganeuf	2764	959	7	7	39	42
Morterolles	Bf	Royère	1473	386	12	9	35	38
Mortroux	G	Bonnat	1395	645	13	31	39	76
Mourioux	Bf	Bénévent	2521	1369	6	20	24	48
Moutier-d'Ahun	G	Ahun	994	582	2	22	22	69
Moutier-Malcard	G	Bonnat	2581	1833	11	33	33	75
Moutier-Rozeille	A	Felletin	1942	1080	5	6	49	55
Naillat	G	Dun	3621	2032	7	25	25	68
Néoux	A	Aubusson	2384	1060	10	10	52	55
Noth	G	La Souterraine	2290	899	9	28	28	51
Nouhant	B	Chambon	2575	730	14	16	47	26
Nouzerines	B	Boussac	1911	900	14	44	41	72
Nouzerolles	G	Bonnat	810	468	17	37	37	77
Nouziers	B	Châtelus	1431	883	17	23	39	75

11

COMMUNES	ARROND^t.	CANTON	SUPERFICIE en hect.	POPULA-TION.	CANT.	ARR^t.	DÉP^t.	PAGES
Parsac	B	Jarnages	3919	1644	7	17	25	72
Peyrabout	G	Ahun	914	380	13	10	10	61
Peyrat-la-Nonière	A	Chénérailles	4122	1632	8	18	37	27
Pierrefitte	B	Jarnages	637	259	17	23	34	28
Pigerolles	A	Gentioux	1654	392	8	30	60	62
Pionnat	G	Ahun	4294	2163	11	15	15	61
Pontarion	B^f	Pontarion	517	502	0	10	24	37
Pont-Charraud	A	Crocq	859	487	10	10	10	19
Poussanges	A	Felletin	2317	652	8	19	61	52
Puy-Malsignat	A	Chénérailles	805	338	9	13	31	27
Reterre	A	Evaux	1751	1102	9	35	58	16
Rimondeix	B	Jarnages	800	423	7	16	22	73
Roches	B	Châtelus	2554	1475	4	18	20	74
Rougnat	A	Auzances	4145	2063	4	34	60	15
Royère	B^f	Royère	7980	2286	0	22	45	32
Sagnat	G	Dun	1178	545	3	30	30	68
St-Agnant	G	Crocq	3354	1124	9	36	73	11
St-Agnant-d-V.	A	La Souterraine	5046	2098	6	40	40	51
St-Amand	B^f	Aubusson	802	392	4	4	42	56
St-Amand-Jart.	A	Bourganeuf	1867	735	12	12	45	42
St-Alpinien	A	Aubusson	1522	785	6	6	42	56
St-Avit-de-Tardes	A	Aubusson	1442	667	15	15	56	19
St-Avit-le-Pauvre	A	St-Sulpice-l-Ch.	494	293	2	14	32	57
St-Bard	A	Crocq	935	397	7	24	65	19
St-Chabrais	B	Chénérailles	2479	1112	4	22	33	28
St-Christophe	G	Guéret	779	268	9	9	9	44
St-Dizier	B^f	Bourganeuf	4666	2454	3	22	27	42
St-Dizier-la-Tour.	A	Chénérailles	1699	654	3	22	29	29
St-Dizier-les-Dom.	B	Châtelus	1589	874	3	17	29	74
St-Domet	A	Bellegarde	1558	846	11	11	30	21
St-Eloy	B^f	Pontarion	1556	787	11	19	13	41
St-Etien.-de-Fur.	G	Grand-Bourg	3171	2380	1	3	3	47
Ste-Feyre	G	Guéret	3094	1761	6	6	6	61
Ste-Feyre-la-M.	A	Felletin	653	300	7	12	54	54
St-Fiel	G	Guéret	1651	668	6	6	6	64
St-Frion	A	Felletin	1873	747	6	18	59	52
St-Georges-la-P.	B^f	Pontarion	2379	1196	13	24	29	36
St-George-Nigr.	A	Crocq	1935	809	11	19	62	54
St-Germain-B.	G	La Souterraine	1712	858	11	37	37	51

COMMUNES	ARROND.ᵗ	CANTON	SUPERFICIE en hect.	POPULA-TION.	DIST. KIL. au chef-lieu de			PAGES
					CANT.	ARRᵗ.	DÉPᵗ.	
St-Goussaud	Bᶠ	Bénévent	2428	1091	12	24	35	48
St-Hilaire-la-Pl.	G	Ahun	1112	505	9	12	12	61
St-Hilaire-le-Ch.	Bᶠ	Pontarion	1964	982	4	14	27	36
St-Junien-la-Br.	Bᶠ	Royère	2530	973	15	11	43	42
St-Julien-la-Ge.	A	Evaux	1191	565	3	42	54	24
St-Julien-le-Ch.	B	Chambon	1530	550	18	27	41	28
St-Laurent	G	Guéret	1142	613	8	8	8	62
St-Léger-Brider.	G	La Souterraine	847	401	10	30	30	51
St-Léger-le-Guô.	G	St-Vaury	1398	655	9	6	6	44
St-Loup	B	Chambon	1882	812	15	25	38	28
St-Maixant	A	Aubusson	1391	534	6	6	44	56
St-Marc-à-Fron.	A	Aubusson	2549	826	6	6	42	55
St-Marc-à-Loub.	A	Gentioux	2026	548	9	22	50	34
St-Marien	B	Boussac	1278	484	11	11	51	70
St-Martial-le-M.	A	St-Sulp.-les-Ch.	1034	790	12	15	27	58
St-Martial-le-V.	A	La Courtine	2222	722	4	41	83	13
St-Martin-Chât.	Bᶠ	Royère	3100	1250	12	14	46	33
St-Martin-Ste-C.	Bᶠ	Bourganeuf	2717	1418	17	17	40	43
St-Maurice	G	La Souterraine	3972	1996	6	41	41	49
St-Maurice	A	Crocq	1410	680	4	21	63	54
St-Médard	A	Chénérailles	2420	1189	9	13	31	58
St-Merd-la-Br.	A	La Courtine	4020	1046	17	46	88	12
St-Michel-de-V.	A	St-Sulp.-les-Ch.	1552	561	6	11	37	57
St-Moreil	Bᶠ	Royère	2394	1254	22	17	49	33
St-Oradoux	A	Crocq	1336	458	3	27	69	18
St-Oradoux-de-C.	A	La Courtine	2848	711	6	38	79	12
St-Pardoux-d'A.	A	Crocq	1610	646	4	20	62	18
St-Pardoux-Lav.	Bᶠ	Royère	2153	861	11	10	41	33
St-Pardoux-l-C.	A	Chénérailles	751	364	7	20	27	59
St-Pardoux-l-N.	A	Aubusson	761	354	7	7	50	55
St-Pierre-Chérig.	B	Bourganeuf	2344	747	15	15	40	42
St-Pierre-de-F.	Bᶠ	Grand-Bourg	2735	1644	12	32	32	47
St-Pierre-le-Bost	B	Boussac	1718	553	9	45	49	71
St-Pierre-le-Bost	Bᶠ	Royère	3278	1104	9	14	39	37
St-Priest	A	Evaux	2235	841	18	26	45	22
St-Priest-la-F.	G	La Souterraine	2743	1516	6	32	32	49
St-Priest-la-Pl.	G	Grand-Bourg	2180	864	4	24	24	47
St-Priest-Palus	Bᶠ	Bourganeuf	1064	280	16	16	48	42
St-Quentin	A	Felletin	2957	1165	3	14	56	68

COMMUNES	ARROND¹.	CANTON	SUPERFICIE en hect.	POPULA- TION.	DIST. KIL. au chef lieu de CANT.	ARR¹.	DÉP¹.	PAGES
St-Sébastien	G	Dun	2498	1644	17	44	44	51
St-Silv.-Bas-le-R.	B	Boussac	1531	754	3	3	40	71
St-Silv.-Belleg.	A	Bellegarde	2063	882	1	12	51	19
St-Silv.-Mont.	G	St-Vaury	955	597	9	12	12	45
St-Silv.-sous-T.	B	Jarnages	1470	537	14	24	29	30
St-Sulp.-le-Don.	A	St-Sulp.-les-Ch.	1332	838	6	20	24	37
St-Sulp.-le-Dun.	G	Dun	3081	1646	5	5	20	66
St-Sulp.-le-Guér.	G	St-Vaury	3678	2020	7	5	5	64
St-Sulp.-les-Ch.	A	St-Sulp.-les-Ch.	2163	1144	0	14	30	57
St-Vaury	G	St-Vaury	4683	2708	0	11	11	46
St-Victor	G	Guéret	1664	897	10	10	10	44
St-Yrieix-la-M.	A	Felletin	2398	1125	14	18	44	35
St-Yrieix-les-Bois	G	Ahun	1603	931	11	11	11	60
Sannat	A	Evaux	3403	1501	3	30	30	22
Sardent	Bf	Pontarion	4103	2404	7	16	15	38
Savennes	G	Guéret	693	361	9	9	9	44
Sermur	A	Auzances	1962	535	9	25	63	15
Soubrebost	Bf	Bourganeuf	2080	660	8	8	30	38
Soumans	B	Boussac	3669	1376	10	10	50	69
Sous-Parsat	A	St-Sulp.-les-Ch.	914	443	9	23	20	36
Tardes	B	Chambon	2138	582	10	33	43	22
Tercillat	B	Châtelus	1364	559	14	14	39	74
Thauron	Bf	Pontarion	2214	772	3	8	22	37
Toulx-Ste-Croix	B	Boussac	3837	1302	9	9	34	71
Trois-Fonds	B	Jarnages	624	198	19	13	35	30
Vallières	A	Felletin	4838	2414	13	15	39	35
Vareilles	G	La Souterraine	1768	870	7	42	42	51
Verneiges	B	Chambon	750	249	12	14	44	26
Vidaillat	Bf	Pontarion	2361	910	7	14	30	36
Viersat	B	Chambon	2909	663	11	20	52	25
Vigeville	G	Ahun	749	414	11	19	19	61
Villard	G	Dun	1635	805	5	31	31	67

TABLE DES MATIÈRES

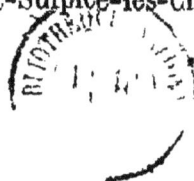

DEUXIÈME PARTIE

TROISIÈME PARTIE

QUATRIÈME PARTIE

Cartes contenues dans cet ouvrage

GUÉRET. — Imprimerie-Librairie P. AMIAULT.

Nous ne voulons pas terminer cet ouvrage sans remercier les personnes qui nous ont prêté leur généreux concours. Nous les prions ici d'agréer l'expression de notre reconnaissance.

Nous n'avons pas non plus, malgré tout le soin que nous avons apporté à ce travail, la prétention d'avoir fait un livre parfait et définitif. Des erreurs ont pu nous échapper. Nous serons particulièrement obligés à ceux de nos lecteurs qui voudront bien les signaler à M. AMIAULT, éditeur, afin que nous puissions les corriger dans une prochaine édition.

DÉPARTEMENT DE LA
CREUSE

Signes conventionnels

P U Y - D E - D O M E

C H E R

A L L I E R

I N D R E

H A U T E - V I E N N E

C O R R È Z E

Montluçon

St-Léonard

www.ingramcontent.com/pod-product-compliance
Lightning Source LLC
Chambersburg PA
CBHW072052080426
42733CB00010B/2097